AI時代的超級老人

爸媽老後長照靠AI，未來的你安心變老

老人はAI社会をどう生きるか

平松類 著

余金樹 審定　彭佳 譯

推薦序

AI科技將為超高齡社會打造更美好的未來

余金樹

隨著全球人口迅速老化，我們正面臨一個前所未有的挑戰：如何爲越來越多的高齡者提供更高效、安全、可負擔的醫療與照護服務？本書一開頭就直接闡明，能否善用AI科技，將直接區分出「超級老人」與「普通老人」，並深入探討了AI科技如何改變醫療與老年生活，我們應該用什麼心態來面對已經到來的全新AI新世界。

科技的進步正在重新定義「醫療」與「照護」的邊界，從智慧醫療設備、自動駕駛技術，到物聯網驅動的遠距醫療，這些創新技術讓我們看見了一個正在發生中的未來——透過科技的助力，一個長者可以在家安心生活、醫療照護無所不在的樂齡新時代。

ＡＩ科技如何改變醫療與長者生活

本書讓我們看到ＡＩ科技正以前所未有的速度滲透到醫療領域，從疾病診斷、醫病共享決策（ＳＤＭ）、機器人輔助手術，到智慧健康監測與自動化照護，ＡＩ的應用正在顚覆傳統的醫療模式，帶來四大轉變：

①自動駕駛與高齡者的行動自由

高齡者第一個面臨的就是行動能力因年齡而逐漸受限，但透過物聯網（ＩＯＴ）與圖形運算（ＧＰＵ）的助力，自動駕駛技術的發展越趨成熟，讓高齡者能夠更自由地使用汽車長距離移動，輪椅（也許正名爲移動載具）也將具備自駕車的功能，降低對照護者的依賴，讓生活更具獨立性。

②精準醫療與個人化健康管理

ＡＩ可以分析大量病歷與健康數據，取代現行One-for-All的治療方式，提供個人化的精準治療。各國積極推行「醫療器材軟體」（SaMD, Software as Medical Device），已經可以用ＡＩ直接進行診斷並經由醫病共享決策（ＳＤＭ）和個別患者一起討論個人化的治療計畫，讓整個治療過程更加完善。

③智慧醫療與遠端診療

過去，醫療服務主要依賴醫院與診所，但ＡＩ科技讓醫療得以延伸至家庭，甚至遠端提供診斷與治療建議。讓醫學中心眞正專注在急、重、難、罕等複雜的治療，一般輕症可以交由診所或遠距醫療來接手，這不僅解決了醫療資源不均的問題，也讓高齡者無需頻繁往返醫院，即可獲得醫療照護。

④數位孿生與智慧居家

ＡＩ不僅能夠輔助醫生，還能成爲獨居長者的「智慧好夥伴」。地端的物聯網設備結合強大的雲端運算，可以輕易的發展出「數位孿生（Digital Twin）」，讓另一個虛擬卻眞實的分身處理食衣住行等雜事，居家照護機器人、非接觸生理量測、跌倒偵測系統等智慧居家設備，可以如影隨形的照護獨居長者，甚至在緊急狀況時自動發送求救訊息。

科技守護高齡未來

本書不僅揭示了ＡＩ科技如何改善臨床的醫療行為與老年的生活型態，也務實的提到科技介入的責任歸屬、保險給付制度的調整與整個社會型態必需承受的衝擊。高齡化是全球的共同挑戰，我們已經無法用傳統的醫療與照護方式來面對，台灣更是在沒有準備好的狀況，突然進入超高齡社會。我們只能正面擁抱ＡＩ新科技帶來的效益並解決伴隨而來的挑戰，跌跌撞撞的拼湊出符合超高齡社會的全新智慧醫療與照護模式。

「超級老人」與「普通老人」

大家不必爲晚年感到太過焦慮。我這麼說，可能有人會覺得奇怪，認爲我是在胡說八道，從而口誅筆伐我。所以，比起聊「晚年無憂」，也許說點「多爲將來做些準備吧」、「注意健康，多存些錢吧」這種妥當的話更讓人感到實在和輕鬆。但作爲醫生，我每天都在接觸老年患者，他們之中有很多人看上去眞的很痛苦，對未來充滿了擔憂。看到這些老人，我覺得還是有必要告訴他們，未來是有希望的。因此，我再次重申，眞的不必爲晚年感到焦慮。

在與很多患者、尤其是與老年患者的交談中，我了解到他們對晚年有著種種顧慮。比如，老了以後生活無法自理，就會被送進某間養老院；養老院的房間隔音不佳，被隔壁吵得根本無法安眠；尿布濕得都是尿，滿屋子尿騷味；睡在硬板床上腰痠背痛；天天吃冷飯……

就算不會被送去養老院，他們也還有其他擔心，滿腦子都是各種問題：

「關於照護與失智」：如果生活不能自理了，誰來照顧我？怎麼照顧我？

「關於錢」：養老的錢夠嗎？

「關於健康」：老了會生病吧？病了怎麼辦？

「關於孤獨感」：孤零零一人會很寂寞吧？我會孤獨死嗎？

也有極少數老人沒有這些顧慮，他們被稱爲「超級老人」。日本生命保險文化中心[1]的調查結果顯示，有百分之13．2的老人表示「養老無憂」。作爲一名在職眼科醫生，我累計接診過十萬多名老年患者，確實遇到過這樣的超級老人，也很想要成爲這樣的超級老人。就像與我有來往的日野原重明老師[2]（1911—2017），他雖已年過期頤，但還能開講座，玩社交平臺。很多人都想成爲日野原老師那樣的人，但並不是所有人都能成爲這樣的「超級老人」。

有人覺得「這可以效仿」，也有人覺得「無法效仿」。超級老人們往往生活積極且有安全感，他們社交能力強，廣受愛戴，且財務自由，對未來充滿信心。這的確難以依樣畫葫蘆地效仿。現實生活中，更多的是平凡的普通老人，他們孤單寂寞，容易上當受騙，每天辛辛苦苦照顧家人。即便不至於此，「普通老人」們多多少少都會對自己的晚年生活感到不安。

人工智慧的「寒武紀大爆發」

近年來出現的人工智慧、大數據、物聯網等眾多新技術，讓我們認識到不是超級

1 日本於一九七六年設立的爲提高國民生活品質、保證國民生活安穩的公益性團體。——譯者注（如無特別說明，以下均爲譯者注）

2 日本提倡預防醫學的第一人，二〇〇五年日本文化勳章獲得者，活到了一百零六歲高齡。

老人也能安度晚年了。他們可以住在自己住慣了的家裡，睡著鬆軟的床，蓋著溫暖的被；早起有香噴噴的米飯，豐衣足食；健康地生活，做自己感興趣的事……最新技術讓這一切都成爲了可能。

當然，我畢竟只是眼科醫生，平時接觸的都是病人，在老年人的身體健康方面我是專業的，但在新技術方面並非專家。所以一開始我也覺得「有了人工智慧，也不會有什麼變化吧」，把某事某物炒得沸沸揚揚的，不是社會上常有的事嘛。但是，最近幾年，人工智慧等新技術逐漸進入醫學領域。可以斷言，只要能正確利用這些新技術，我們的老年生活一定會發生巨大的變化。

聽起來這些新技術好像跟眼科沒什麼關係，其實不然。被谷歌收購的DeepMind[1]公司很早就開始了眼科方面的研究，透過分析醫療影像圖（視網膜照片）進行ＡＩ診斷。而且，你知道嗎，據說現在的ＡＩ都「長眼睛」了。這正是被稱爲人工智慧的「寒武紀大爆發」（Cambrian explosion）。

「寒武紀大爆發」原本是出現在古生物學研究中的詞語。在五億多年前的寒武紀時期，生物體有了眼睛，地球上一下子誕生出多種多樣的生物體。由於新生物的迅猛出現，這一時期被稱爲「寒武紀大爆發」。可以說，在AI有了「眼睛」的當今時代，正可謂是人工智慧的「寒武紀大爆發」時期。

那麼，爲什麼谷歌旗下的DeepMind會關注眼睛呢?實際上，運用人工智慧很容易就能進行眼部疾病的治療。因爲眼睛（眼球）是透明的，構造相對簡單，所以給眼球拍照其實很簡單，不太需要像斷層掃描（CT）或核磁共振成像（MRI）那樣的大型機器。現在，只需在手機裡安裝一個應用軟體，對著眼球拍張照，就可以進行診斷。這種簡便性促進了AI診斷技術的發展，也有利於向全世界傳遞這些先進資訊。

在這樣的背景下，我有幸獲得了在「日本深度學習協會」（Japan Deep Learning Association）的進修資格，學習了一些人工智慧相關的知識和技術。說實話，這些知識也許只是一些皮毛，但只要掌握了這些，就能更深入、更廣泛地了解醫療領域的人工智慧應用。此後，我又嘗試閱讀了一些最新技術的相關書籍，不過內容大都比較晦澀。我主要著眼於「技術的演化」，所以當我跟周圍的朋友說起人工智慧

1 谷歌旗下的前沿人工智慧企業。

時，他們總覺得跟自己沒有關係，認爲那些技術都太遙遠了。

的確，說起「到了二〇四五年，ＡＩ將比人類更聰明」，確實會讓人一下子反應不過來，畢竟那是二十多年以後的事了。「馬上進入自動駕駛時代啦！」的消息不也喧囂一時嗎？如果去問研發人員，再對照政府關於未來的指導方針後，就會發現那其實還遠得很。

如果有一天，人類可以將自己所有的工作完全交給ＡＩ，那麼，在那一天來臨之前，事先了解好「如何與ＡＩ等最新技術打交道」、「ＡＩ時代的生活方式」是非常重要的。事實上，眼科領域現在已經有了ＡＩ診斷技術，但我們清楚地知道不能完全依賴ＡＩ，而是要與ＡＩ合作，好好地利用ＡＩ。那怎樣才算是好的利用呢？我希望能從眼科醫生和接診老年人的相關經驗等專業角度，在與大家共同學習新技術的同時，向大家做一些介紹。

密集式生活與稀鬆式生活

對於最新技術的運用和具體細節，科研人員一定比我更懂。如果你認爲自己對新技術已悉數了解，建議你閱讀專業書籍。本書的原則在於「易懂」，因此會跳過那些複雜的定義。

比如，「什麼是人工智慧？」要講清楚這一基本概念，首先需要幾十頁的篇幅，而且不同的專家還有不同的意見。所以，在本書中，我將從看診老年人的醫生視角，從人工智慧在醫療領域的實際應用來爲它下定義。對於熟悉人工智慧的人來說，可能會認爲書中內容都是老生常談，太過膚淺，但如果你能將閱讀本書當作是對ＡＩ基本知識的複習，我不勝榮幸。

自動駕駛、人工智慧、ＶＲ、ＡＲ、金融科技、區塊鏈、物聯網、共享經濟、交通行動服務（MaaS）、大數據（Big Data）、科技奇點（singularity）等這些新名詞，你是否聽說過？或者聽說過但不太了解？還是沒聽說過的比較多？如果你想了解自己未來的生活，想知道人工智慧將如何幫助自己安度晚年，ＡＩ時代又該如何定義自己的生活方式，那麼，我想這本書對你來說一定是有幫助的。

以人工智慧爲代表的新技術的出現，迫使我們去改變曾經的生活方式。之前，人們最關心的是「我有多少錢」，所以就會擔心「要是沒有兩千萬日圓的存款，老了就沒保障」。但現在，隨著新技術的出現，相比於這種「所有式」的「密集式生活方式」，保持適當距離的「稀鬆式生活方式」可能更適合我們。也就是說，需要適當地與家人、人群和技術保持一定距離。新型冠狀病毒的傳播也曾讓我們的生活方式發生了改變，要求我們儘量避免「三密」（即密閉、密集、密接）。今後[1]，就算疫情過去，我們的生活也不可能完全回到從前。同樣，隨著新技術的介入，我們的生活也一定會發生變化。

這並不是說我們要完全拋棄以前的想法，其實不僅「稀鬆式生活方式」很重要，「密集式生活方式」也很重要。但這還不夠，我們還需要掌握新的思考方式。也許有些人會認爲「等技術發展起來了再考慮也不遲」，但我想說，新技術已經就在眼前了。

技術與衰老的交叉點

以醫生爲例，當人工智慧進入醫學領域時，有的醫生會有敵對情緒，賭氣「不能輸給ＡＩ」，或無視ＡＩ，認爲「反正ＡＩ沒什麼用，無所謂」，故而與ＡＩ保持極端距離。也有一些醫生認爲「既然有了ＡＩ，那就全交給ＡＩ好了」，故而極端地與ＡＩ零距離接近。

事實上，我們應該思考的是「如何與ＡＩ保持合適的距離，共生共存」，這才是適應人工智慧時代的正確生活方式。在診斷前列腺癌時，人類的診斷精準度爲０・７２１，ＡＩ爲０・８４５（越接近一越好）。但如果人類利用ＡＩ，則可將精準度進一步提高到０・８８９[2]。

---

1 原書寫於全球新冠疫情爆發期間。

2 理化學研究所、日本醫科大學的共同研究小組的研究結果，摘自《自然通訊》（*Nature Communications*）二〇一九年十二月十八日刊）。

綜上所述，當我們在考慮人工智慧時代的生活方式，尤其是老年人如何與人工智慧和諧共處時，我們就先從本書的第一章——未來的出行方式，即自動駕駛開始，這也是相對比較容易理解的一個領域。可以說，自動駕駛正是「技術與衰老的交叉點」。我的父母現在出行時主要是由我母親開車。他們住在東京都多摩市的郊區，去醫院必須用車。但是再過幾年，他們開車出行估計就會出現困難。那時該怎麼辦呢？叫計程車，還是自動駕駛？

今後，我們的生活將發生怎樣的變化呢？接下來，讓我們一起思考自動駕駛時代的生活方式吧。

目錄
contents

第2章

老年人與尖端醫療　71

爲了接受更好的治療／醫療領域必需的最新技術——「5G」「IOT」「VR」「AR」／支撐最新技術的「大數據」／醫療資訊不便共用的原因①——人會說謊／醫療資訊不便共用的原因②——標準不統一／個人資料眞的不會洩露嗎？／AI診斷可杜絕庸醫／眼科界的AI研究／診斷標準由人類制定／AI診斷引入日本的問題及今後的趨勢／如何看待AI的診斷結果／AI的事故與責任／引入AI後能降低醫療費用嗎？／日本的醫療費用現狀／醫療和電話的相似之處／AI手術的安全性／數據的量和質都舉足輕重／引入AI的隱蔽性風險——技術退步／「名醫」與「普通醫生」的差距／醫生的兩極分化／如何利用「AI時代的醫療」？

第3章

AI能消除老年人的「孤獨死」嗎？

137

不「孤獨死」的三個條件／選擇延命治療還是「尊嚴死」？／AI將終結「孤獨」／依然選擇孑然一身／人類不再有死亡／預防醫療不參保的原因／醫生的「工作動力」問題／隨人類壽命延長而來的諸多問題／「假醫生」的真面目／爲什麼AI技術公司會涉足「預防醫學」？

第 1 章：

老年人與自動駕駛

「技術與衰老的交叉點」——自動駕駛的五個等級

說起自動駕駛，人們或許並沒有意識到這會與老年人的出行有關，而且也不曾爲自己老年出行擔憂過。事實上，我和身邊的人聊到將來的出行時，很少有人眞正把這當作一個問題來看待，雖然他們也會說「這麼看來確實很重要」。其實，如今在自動駕駛領域已經有了很多最前沿的技術，但另一方面，手動駕駛中涉及老年駕駛員的交通事故率也在持續走高。從這兩個角度來看，可以說自動駕駛就是「新技術與高齡化的交叉點」。

如果自動駕駛得以實現，無論是需要照護的老人，還是有失智症的患者都能夠自由出行，身體不適需要去醫院時也會更方便；跑醫院不用每次叫計程車，車費不再是問題；遠距離通勤無須自己舟車勞頓，爲了孩子的成長住在離城市遠一些的地方也沒有關係，房租還能便宜許多。這些都是實現自動駕駛帶給我們的好處。谷歌旗下的Waymo公司現在正在美國推行無人駕駛的計程車，日本的豐田公司也正致力於自動駕駛汽車的研發。

當我聽到這些消息時，我興奮地想，「自動駕駛的時代馬上就要到來了，我和父母的晚年出行沒有問題了」。在我看來，自動駕駛馬上就能實現了。但也有人認爲自動駕駛根本不可能實現。

你怎麼看呢？

我曾以爲自動駕駛時代近在咫尺，因爲谷歌和豐田都在爲此卯足了勁；也曾質疑那些認爲自動駕駛不可能實現的人目光短淺。其實這些想法本身就是錯誤的，因爲我甚至連「自動駕駛」的含義都還沒有眞正理解。

我最初聽到「自動駕駛」一詞時，單純地以爲就是雙手離開方向盤，整個駕駛過程都交由汽車的電腦系統自動完成的一個過程。直到一番了解之後才知道，我們現在使用的汽車上安裝的「自動跟車系統（Acc）」和「自動緊急煞車系統（AEB）」就是屬於自動駕駛的一種。雖然看似手動，但的確屬於自動駕駛的範疇。我因爲在做視野範圍與交通事故的關聯性研究，所以有機會實地參觀了自動駕駛技術的研究設備，在和研發人員的交談中終於明白了其中的原理。

很多人應該都知道，自動駕駛也會分級別。確實，目前的自動駕駛大致分爲以下六個等級：

零級：普通駕駛（無自動化）。
一級：輔助駕駛（駕駛員輔助）。
二級：部分自動駕駛（部分自動化）。
三級：在規定區域內自動駕駛（條件自動化）。
四級：基本自動駕駛（高度自動化）。
五級：完全自動駕駛（完全自動化）。

現代汽車上普遍配置的防碰撞自動煞車功能就相當於一級自動駕駛。除此之外，有沒有更高級別的自動駕駛呢？有的。目前全球公認的自動駕駛級別是二到三級。豐田、本田、日產等日本國內品牌都已經做好了向市場投放三級自動駕駛汽車的準備。特斯拉、谷歌等國際企業也在致力於三級自動駕駛汽車的開發。

一級自動駕駛的汽車能夠做到在緊急煞車時減輕碰撞傷害。速霸陸就是因爲這項技術而出名的，但如今很多車型都採用了這項技術。

在二級自動駕駛狀態下，駕駛的手可以偶爾離開方向盤。現在一些高級車都有自動跟車（巡行控制，cruise control）功能，它能夠讓汽車在高速公路等交通道路上行駛時，根據與前方車輛的車距自動調整車速。我們可以簡單地認爲，二級自動駕駛是在自動跟車的基礎上的加強功能。

從三級自動駕駛開始，才眞正進入了駕駛的自動化階段。例如，一些日本汽車上裝有「在東京到名古屋的高速公路段開啓自動駕駛」的系統。但是，路程中一旦遇到突發狀況，就必須轉爲手動駕駛。此外，規定區域之外的路段也必須手動駕駛，比如，過了名古屋，就得回到手動駕駛。總之，三級自動駕駛需要不斷地在手動和自動駕駛間來回切換。

四級自動駕駛比三級的可自動駕駛的區域更廣。不僅限於高速公路，日常生活中的一般道路，基本上都可以實現自動駕駛。

五級自動駕駛才是一般人想像中的「自動駕駛」。簡單來說，達到五級自動駕駛的級別後，就像有了自己的「專屬司機」。你可以坐在後座打電話、吃東西，做什麼事情都可以，車會自動送你到目的地。

之前的我連自動駕駛有等級之分都不知道，卻去談論自動駕駛的可能與不可能，未免有些滑稽可笑了。

現在，人們普遍認可三級以內的「手動加自動駕駛」（部分自動化）是完全可以投入使用的，關鍵是四到五級的自動駕駛能在多大程度上實現。爲此，我們必須知道自動駕駛需要怎樣的技術支援，這些技術目前發展到了什麼程度，以及預計在什麼時候能完成這些技術的準備等等。

5G、AI和大數據是必要條件

那麼，發展自動駕駛到底需要怎樣的技術支援，後續還需要什麼條件呢？

首先，我們需要的是三大系統：

①利用攝影機獲取外部資訊的系統。

②對獲取到的資訊進行識別和處理的系統，如辨別前方障礙物是垃圾袋還是必須避開的危險物，並進行相應處理。

③自動啓動系統。

其實，這三大系統中的第三個系統並不難實現，關鍵是前兩個系統。

第一個系統不僅僅包括行車攝影機這一項技術，它還必須透過ＧＰＳ獲取的道路壅堵狀況、附近車輛資訊，和能夠判斷是否有墜物風險等情況的資料。因此，首先需要的就是大量的攝影機，同時還要能連接上網路。

如今，攝影機的品質已足夠高了，這一點倒不必擔心，問題在於與網路的連接上。我們平常在使用智慧型手機時，時不時會出現延遲現象，甚至還會突然斷線。如果只是手機，可以稍微等一等或者換訊號好的地方。但如果是汽車，在本該拐彎的地方突然失去了訊號，必然會引起交通事故，甚至危及人的生命。因爲一輛時速六十公里的汽車，若訊號延遲一秒，汽車將繼續前行16・7公尺。因此，要想實現自動駕駛，我們必須要有比現在更快更穩定的網路才行。

這種更快更穩定的網路就是現在人們常說的5G網路。5G的「G」是Generation（世代）的首字母，5G指的是第五代行動通訊技術。但人們往往誤以為5G是5Giga的縮寫，連電視節目裡也出現過這個錯誤的解釋。Giga是用於表示頻率GHz（千兆赫茲）或電腦記憶體（容量）5GB（千兆位元組）的單位。

1G時代，日本正值二十世紀八九〇年代泡沫經濟期，這一時期流行的便攜通訊設備是比較大的攜帶式電話（手機）。到了2G時代，這種攜帶式電話的體積開始變小，而且可以發送字數有限的簡訊。進入3G時代後，i-mode[1]服務出現了，手機可以收發電子郵件與瀏覽網站，也可以附加照片。到4G時代，就已是智慧型手機普及的時代了。

顯然，單純提高汽車的自身性能是無論如何都不可能實現自動駕駛的。如果不在全國各地建起5G基地台，就算有了自動駕駛的汽車，也只能是在非常有限的區域內行駛。試想開車去山裡玩，結果汽車因為網路問題停在半路上……那多掃興啊。

你或許聽說過「人口覆蓋率百分之99」之類的說法。4G時代之前，我們對於手機網路看重的就是人口覆蓋率。那時的手機只是作爲通訊工具使用，訊號不用覆蓋到荒無人煙的山裡。就算去了山裡，手機沒了訊號，說一句「沒辦法，這裡沒訊號」也就算了。但是在5G時代，考慮到自動駕駛的汽車也會進入山區，對覆蓋率的考慮面就不一樣了；也就是說，我們現在應該關注的不再是人口覆蓋率，而應該是「基礎設施覆蓋率」，即5G訊號在全日本範圍內的覆蓋率。

日本總務省的目標是到二〇二五年5G網路的覆蓋率達到百分之50。這意味著，即便5G以外的所有自動駕駛條件，如AI、攝影機、相關法律法規等都已到位，全國也只有一半地區能夠實現自動駕駛。更進一步說，在5G訊號覆蓋全日本之前，人們是無法放心地在目的地之間進行自動駕駛的。

讓我們再來看第二個系統。其實第二個系統屬於判斷系統。它會基於攝影機獲取的資訊，對踩油門、打方向盤，或是改變車道等做出相應的安全判斷。這裡就需要基

1　日本NTT公司於一九九一年推出的行動上網服務。

於ＡＩ的判斷，以及幫助提高判斷準確率的大數據。人們常說的「大數據」多指極爲龐大的資料。現代人已經能夠透過各種儀器、網路等獲取過去無法想像的大量數據，並靈活加以運用。

這裡所討論的大數據，指的是大量的駕駛數據。基於這些駕駛大數據，ＡＩ將深度學習如何做出駕駛狀態下的各種判斷，如「此時應該打方向盤」或「此時應該踩油門」等等。

你可能認爲這很簡單，其實研發人員做的遠比我們想像的更加複雜和細緻。我們人類總能判斷不小心踩在腳下的障礙物是否安全。但如果是交給電腦來判斷，就必須在瞬間就準確識別障礙物是塑膠袋還是大石頭。爲此，系統就需要儲備大量塑膠袋的數據，而且不僅要有白色塑料袋的數據，還要有容易與石頭看混的灰色塑膠袋的資料。在識別了是塑膠袋的基礎之上，還需要有數據，以判斷面對這個塑膠袋是應該踩煞車還是應該打方向盤更能規避事故。

即使只有萬分之一的機率，也要收集數據

其實，在日常駕駛中，我們會遇到很多難以預料的情況。比如，起大霧時能見度低、路面積雪導致打滑，煞車距離拉長、小孩突然衝上馬路、突發地震、前方車輛墜落物品、沙塵天氣……這些都是我們極少遇到但確實有可能經歷的情況，所以我們不能把這類事件當作極少數發生的事件而忽視它。試想，在我們的實際駕駛中，當有八千萬人運用自動駕駛技術行駛在路上時，就算只有萬分之一的事故發生率，每天也會有八千起事故發生。不怕一萬，只怕萬一，偶發性事故的數據也必須大量收集。

正因爲如此，谷歌等眾多企業都會透過車輛的實際上路行駛來獲取交通數據。你可能覺得數據獲取的時間只要一年就差不多了吧。事實上，要獲得足夠多機率只有萬分之一的偶發性事故的數據，一年時間是遠遠不夠的。

此外，還有一個被遺漏的因素，那就是不同國家有不同的交通規則。不僅僅是右行和左行的區別，各國的交通標誌也不盡相同。所以，在美國「最安全的車」到了日

本可能只是一堆廢鐵。在這一點上，自動駕駛汽車與個人電腦之類的產品有著很大的區別。

鑒於多方因素的考慮，諸如「谷歌的自動駕駛汽車何時能眞正投入實際使用」等這類針對自動駕駛的海外討論，其實並不完全適用於日本，因爲日本自有日本的具體情況。日本內閣府發布的《官民ＩＴＳ構想藍圖２０１９》[1]顯示，將在「二〇二五年以後實現」卡車在高速公路上的四級自動駕駛，普通汽車則是在「二〇二五年左右實現」。對此，也有許多人持懷疑態度。他們認爲再怎麼快，二〇二五年也只能實現僅限於高速公路上的部分自動駕駛。結合５Ｇ的基礎設施覆蓋率在二〇二五年達到百分之50的規畫考慮，人們的這一推斷也算合理。我個人猜測，到二〇二五年，大概能達到高速公路上一輛由人駕駛的卡車後面跟著幾輛自動駕駛卡車的程度吧。

由此可見，自動駕駛至少需要有５Ｇ、ＡＩ和大數據等技術的支援。世界上沒有任何一項技術起步即完美。大數據不夠「大」，意外事故就會增多。但是，如果在因意外事故，如地震、火災、突如其來的暴雪或冰雹造成的事故減少爲零之前，都不允許自動駕駛的話，那麼自動駕駛將永遠無法實現。如此一來，如何劃定以ＡＩ爲首的高科技的安全範圍，就成了一個關鍵課題。

在這一點上，許多製造商會含糊其詞，甚至以「零風險」的噱頭來推銷汽車。二〇一六年和二〇一八年，美國的佛羅里達州和加州，都發生過由特斯拉生產的自動駕駛汽車引起的交通事故，且造成了人員傷亡。造成這些事故的原因是，雖然汽車說明書上確實寫有「車輛行駛過程中務必將腳置於煞車踏板上」，但看其宣傳廣告，的確會讓人誤認爲自動駕駛過程中人可以安心睡覺。

事實上，市面上正在銷售的汽車中，很多車的廣告都宣傳其具備「自動煞車」功能，其中就包括大量讓人誤以爲不踩煞車也能煞車的表述（雖然有加小字注解）。這就好像保健品的廣告中讓吃過這種保健品的人陳述自己的感受，然後在螢幕底下用小字寫上「僅代表個人觀點」一樣，是非常危險的行爲。但要完全取締這樣的廣告也是不可能的，所以只能靠我們消費者自己多加注意。

1　日本爲建設世界最尖端高端道路交通系統（ＩＴＳ），從二〇一四年開始每年制定一次「官民ＩＴＳ構想藍圖」。

對變化的恐懼

變化對人類來說是很可怕的一件事，無論變化的是什麼。就連換洗髮精，我們也會擔心「要是不好用怎麼辦」，想維持現狀，更不必說是性命攸關的汽車駕駛，而且是由手動變成自動這種巨大的變化。總之，變化就意味著風險。

對於自動駕駛領域的風險，其最大界限在於是否有人類干預。有人干預，即駕駛的最後責任在人，那麼，在遇到緊急情況時人就必須踩煞車，這就與目前的情況沒有太大的區別。因此，從理論上講，自動駕駛的等級越高，安全性就越高。換句話說，人工智慧引入越多，理論上的安全性就會越高（之所以加了「理論上」，是因爲新事物剛引入時，都需要時間磨合，所以一段時間內其引發的事故反而會增加）。

反之，如果是完全的自動駕駛，那麼進行操作的自始至終就只有機器了。即便遇到什麼危險情況，人是坐在後座上的，可能在打盹或看書，所以也鞭長莫及。這就相當於比過去少了一個安全閥。這對原本就害怕變化的人來說是不能接受的事情。

此外，對於不開車的人來說也不是完全無所謂。想想大街上如果有自動駕駛汽車在行駛，那麼隨時都可能發生意外事故，這就意味著自己走在街上卻被捲入事故的風險在增加，所以人們才會感到不安。

那麼，自動駕駛的用戶可以有哪些選擇呢？

在我看來，大致有三種選擇。一是相信自動駕駛的安全性會越來越高，在早期階段就開始使用；二是觀望，如果看起來不錯，就使用它；三是靜待技術完全成熟後再使用。其中，第二種選擇事故發生的可能性是最低的。事實上，社會的進步需要人們去選擇第一種方式，但也會有人覺得不一定要自己或者家人來擔起這個重任。反之，第三種選擇，是在完全避免了事故發生的同時也放棄了讓生活更便捷的機會。所以，還是第二種選擇更保險。

這裡，我還是想特別提醒「很容易接受新事物的人」和「很難接受新事物的人」要多加留意。如果你和你的家人也屬於其中之一，在關乎性命的問題上，請一定三思而後行。

除了這些理論上的安全性問題外，還存在心理上的安全性問題。舉例來說，分娩曾經是一種「冒著生命危險」的行爲，造成母子雙亡的機率也很高。日本婦產科學會[1]的《產婦死亡報告》顯示，二十世紀九〇年代，日本四十歲以上孕產婦的生產死亡率爲萬分之12．47，進入二十一世紀後下降到萬分之1．18，約爲之前的十分之一。如今，分娩過程中母子雙亡的情況已非常罕見了。

在過去，人們對安全分娩心存感激；對母子雙亡的結果也能接受，畢竟在所難免。而現在，即使治療和措施到位，人們對分娩事故的反應仍是「婦女怎麼可能死於分娩？」因此，相比於內科，針對婦產科的訴訟案多出了一倍。人們對安全性的過度追求，直接導致願意接受分娩的婦產科科室從二〇〇六年的3098家減少到二〇一七年的2404家，少了足足694家。由此可見，「實際安全」和「心理安全」完全是兩碼事。

「可能性」與「事故」

比起可能性，人們更容易被事故吸引。比如在醫院，不論醫生怎麼勸導「你必須注意你的飲食，否則可能會引發腦梗塞中風，會有生命危險！」但很多患者依舊不以爲意，聽不進去。但當患者得知自己的朋友因腦梗塞中風而半身不遂之後，就立刻改變了自己的飲食習慣。其實，自動駕駛也是同樣的道理。

根據日本內閣府的資料，在二〇一七年發生的47萬2165起交通事故中，造成死亡的事故有3630起（死亡人數3694人）。死亡人員中有2020人是六十五歲以上的老人（約占百分之55）。不過，被新聞報導出來的事故只是其中的極少部分。尤其是住在大城市，幾乎看不到相關事故的報導。我住在山形縣米澤市的時候，一些不太大的交通事故也會被當地新聞報導。後來搬到東京之後就沒見過了。這是因

1　日本於一九四九年成立的由婦產科醫生加入的公益職能團體，宗旨是保障母子平安，增進女性健康，提高國民的保健水準。

爲在米澤事故發生少，但在東京則是家常便飯，事故多到播不過來。換句話說，未來自動駕駛的安全性越高，發生的事故就越會成爲新聞。這樣一來，就會給人一種「自動駕駛很危險」的印象，儘管眞實情況是其安全性正在提高。

如果是處於五級完全自動駕駛狀態下的汽車發生了事故，那麼這必定會成爲焦點新聞。即使只是自動駕駛途中撞上了護欄這種輕微自損的事故，媒體也會把它當作一個不小的新聞，更不用說是「國內第一起自動駕駛致死事故」，想想都會是「特大新聞」吧。新冠疫情在剛開始時也是一則重大新聞，但在日本政府發布首個「緊急事態宣言」[1]後，到當年的五月一日爲止，累計死亡人數還不到五百人。相比之下，日本每年有超過兩萬人死於腎衰竭，卻沒有成爲新聞。可見，能成爲新聞的都是新事、怪事，對於稀鬆平常的事情，再重大，人們都是不屑一顧的。

此外，「死亡率降低」這類內容也很難有新聞價值。例如，自動駕駛汽車導致的事故死亡人數減少了三百人，相比之前減少了百分之10，這其實代表著巨大的技術進步。但這三百人的生命根本成不了新聞。

日本二〇一九年的交通事故死亡人數爲3215人，與二〇一八年的3532人相比減少了317人，約百分之10。但是，大家有印象看到過這則新聞嗎？然而，但凡發生一兩起涉及自動駕駛汽車的事故，電視中就會出現這些畫面：熊熊燃燒的汽車，救護車急促的鳴笛聲，親屬撕心裂肺的悲泣聲……這些都會給人留下「自動駕駛很危險」的印象。

我曾參加過NHK、TBS、日本電視臺、富士電視臺、東京電視臺的多個訪談節目。電視臺的人告訴我，「視覺效果很重要」！疾病的重要性固然需要強調，但如果不能給觀眾帶來視覺上的衝擊，觀眾就很難嚴肅對待疾病。比起單純的統計數字，人們更容易對一張照片留下深刻印象。所以，相比聽到「這是一種會導致一萬人失明的眼疾」，還是看到一段眼裡流著血的人的影片更能讓他們怵目驚心，哪怕那只是一起偶發事故。

雖然專家提醒說「我們更應該關注可能性，而不是執著於一次事故」，但人們總會不自覺地去關注事故。那該如何解決這個問題呢？方法之一是，由自動駕駛的專家

1　指日本在緊急情況下，國家或地區的政府爲了廣泛地提醒一般公眾，對這種情況進行布告、宣言以發動特殊許可權。此處的緊急事態宣言指的是對新冠疫情的緊急事態宣言。

向社會說明「自動駕駛可以預防交通事故」這一事實，然後，再透過媒體和網路進行廣泛宣傳，這樣一來人們的安全觀念就會有所改變。尤其老年人，他們會更重視這類資訊，因爲他們當中的許多人願意花錢買安全。雖然五級自動駕駛尚未投入實際應用，但自動駕駛的優勢在於它能夠讓老年人安心開車。那些原本打算七十五歲以後就不開車的老人，現在可以一直開到八十歲了。這意味著他們可以更長時間地駕駛，也是一件大好事。

爲此，我們不僅需要降低實際的事故率，更要努力降低人們心理認知上的「事故率」。

自動駕駛導致的交通事故，責任在誰？

我們自己或父母在使用自動駕駛時，最擔心的事就是把別人捲進事故中來。假如哪一天，父母開車不那麼穩了，但借助自動駕駛還能再開幾年，這時卻因爲交通事故不小心把別人捲了進來，那就悲慘了。而且，我們必定會面臨一個問題——責任在誰？當然，就算明確了責任方也絲毫不會讓事故受害者的家屬釋然，他們的心結在於「爲什麼偏偏是我，是我家」。就算發生交通事故的機率極低，只有十萬分之一，但對於遭遇事故的人來說就是百分之百。而且越是偶發事件，人們越是會想「爲什麼只有我遇到這種事」。

疾病也是一樣。高血壓的人不會去想「爲什麼我有高血壓」，但如果是孩子或者自己得了白血病，心裡就會不平衡，會想「爲什麼是我的孩子」、「爲什麼是我」。事實就是，越是機率低的事件，人們越是想尋求一個理由。因爲只有確定了責任對象，憤懣的情緒才會有出口。

現在的交通事故，通常都有明確的肇事者和受害者，根據事故發生時的駕駛狀況，雙方各負其責。那麼，在自動駕駛模式下，由電腦控制的車輛引起的交通事故，其責任又該怎麼認定呢？

在還需要人介入的自動駕駛時代，最終事故的責任當然在人。也就是說與現在的情況沒什麼差別。所以，即使自動駕駛的安全性提高了，也依然存在年邁的父母引發交通事故並牽涉他人的風險。

如果駕駛說明書上明確寫有「自動駕駛狀態下可雙手離開方向盤，不必特別關注前方路況」，那麼一旦發生事故，必然就是汽車生產方的問題了。反過來，如果說明書上寫的是「自動駕駛模式下發生緊急情況時請務必手動駕駛」，那麼責任就在駕駛了。目前，對於自動駕駛造成的交通事故，幾乎所有國家都是歸責於駕駛，這樣既與之前情況保持了一致，人們在心理上也容易接受。前文提到的兩起特斯拉汽車的交通事故，以及二〇一八年四月二十九日在日本發生的特斯拉汽車東名高速公路的交通事故，都是因爲汽車處於二級自動駕駛狀態，在應該啓動煞車時沒有啓動造成的。但因駕駛當時正好在打盹，所以最後責任還是在駕駛。

此外，盡可能地讓駕駛員承擔責任也更利於促進自動駕駛技術的開發。如果開發公司要爲哪怕只有一次的交通事故負全責，他們就會非常謹慎。畢竟保險索賠和訴訟費也是一大筆費用。因此，英國、德國等國家強制要求車主購買保險，美國的一些州也在考慮強制保險。

這裡有一個潛在的問題，那就是我們可能會「被要求對沒有做過的事情負責」。

試想一下，你購買了一輛宣稱能在高速公路上自動駕駛的汽車。於是，你在高速公路上行駛時開啓了自動駕駛模式，爲了以防萬一，你把腳輕放在煞車踏板上，手握方向盤，目視前方。突然，自動駕駛的汽車變換了車道，眼看與前車車距越來越近，情急之中你踩了煞車，但還是發生了追撞並造成前車車內人員的傷亡。最終，責任落在了緊握方向盤的你身上。因爲刑事責任，你被傳喚到法庭，同時還要做出民事賠償。不僅如此，在心理上，你還得背負著致人死傷的悔恨度過餘生。

是不是覺得特別委屈？明明事故的直接原因是「機器」，但就因爲必須要有人出來承擔責任，你就被認定爲責任人。對於這種情況，我們現在也是無能爲力。在醫院也是一樣，手術過程中如果手術器械出現意外導致醫療事故的發生，也是由執刀醫生負全責。我也曾遇到過定期維護的器械在手術中出現問題的情況。雖然那一次費盡周章順利完成了手術，但萬一手術失敗了呢？結果會怎樣呢？我不禁感到一陣後怕。手術失敗不僅會給執刀醫生留下心理陰影，還會招致患者家屬對醫生的怨恨。我想，今後隨著自動駕駛的普及，這類問題也會越發明顯。

等到了不需要人類介入的完全自動駕駛時代，全社會就會達成一個共識，即「絕對不是駕駛的責任」，到時候發生交通事故後，很可能就是去追究汽車製造商的責任了。然而對於受害者來說，他們雖然可以得到金錢上的補償，但憤怒的矛頭卻不知該指向哪裡了。

不要重蹈醫療領域的覆轍

人們在「安全」問題上，尤其追求萬無一失。醫療行業也是如此。哪怕是成功率百分99的手術也會有百分之1的意外風險，這在醫學上是完全沒有問題的。然而，患者那一方一般會這麼想：「手術應該不會出現什麼問題吧！」也就是說，在人的潛意識裡，「百分之99成功率＝意外不是我」。

這種醫學角度的「無意外」，對一般人來說，是可「理解」卻不可「接受」的。當聽到「手術有百分之99的成功率」時，你腦子裡想的是不是手術絕對安全、完全沒有問題？其實醫生的意思是「手術也存在百分之1的風險」，而且失敗的病例還不少。人們往往以爲這「百分之1」是可以預測的，其實不然。如果能預測，那些有百分之1風險率的患者就不會選擇做手術了。

如果是完全自動化的ＡＩ手術，在遇到意外情況時，「按理」應該是能應對的。實際上，醫生在手術過程中也會面臨需要處理的突發狀況，就算地震了、停電了，也要讓手術安全結束，但也不可能十全十美。所以，要開發出能應對所有「意外」的ＡＩ是不可能的。這也就意味著，我們要在一定程度上允許ＡＩ犯錯。

如果ＡＩ只是搞錯了小雞的雌雄分類，倒是無所謂。但如果是在自動駕駛的車上，ＡＩ將對向來車誤判爲車影使得汽車直接撞了上去，那就成了危及人命的問題了。

尤其是自動駕駛、醫療、護理等與人的生命相關的領域，「不能有人的干預」在理論上是正確的方向，但其中也存在著倫理問題和心理障礙問題，如果不能理解這一點，那麼在推進ＡＩ時，人們普遍就會產生「排斥感」。其實，最迫切需要ＡＩ快速發展的領域都是攸關人命的領域，這是人類發展的必要過程。所以我們必須要努力做到讓人們不再排斥ＡＩ。

我之所以要說這些，是因爲我不希望自動駕駛等領域重蹈醫療領域的覆轍。在日本，子宮頸癌疫苗已從推薦疫苗（通知個人，建議大家去接種的疫苗）中被刪除了。根據日本大阪大學的研究資料，這一改變會直接導致子宮頸癌患者增加1．7萬人，死亡人數也會增加4000人。

子宮頸癌疫苗之所以被刪除，是因爲許多人在接種疫苗之後出現了不良反應，而這一消息被媒體大肆報導。當然，遭遇不幸的確令人難過，我們都希望風險爲零，但不恰當的資訊處理方式反而會讓更多的人不幸。所以，對於自動駕駛等新技術，希望大家不要沮喪，等過了磨合階段，就一定會迎來更美好的未來。話雖如此，如果相關費用太高也著實讓人頭疼。到底會花多少錢，那得看自己或父母的使用情況了。

自動駕駛汽車的價格如何？

不論多麼好、多麼方便的東西，價格問題如果不明確就無法推廣下去。有些人誤以爲在身體健康方面人是不會吝嗇金錢的，但我在醫院裡看到的就不是這樣的。不管是自動駕駛，還是醫療、護理，可以說所有領域都是如此。

在醫院裡經常會發生這樣的事情。由糖尿病引發的視網膜病變會導致患者失明，需要及時接受治療。可事實是我見過許多即將失明卻對自己的狀況毫不關心的患者，最後不得不接受手術治療。

「不做手術會失明的。」我常常勸說這類患者要及時手術。雖然手術費需要幾十萬日圓，但如果申請國家大額醫療保障[1]，就只需十萬日圓左右。即便如此，仍有患者說「我手裡沒錢，做不了」。我費盡心思想說服他們：「你可以分期，也可以術後再付款，還有各種政府諮詢窗口，我們一起努力一定要治好它。」而且，有些地方還有針對低收入患者實行免費治療的機構。但是，不管怎麼勸，都還是會有人以沒錢爲由拒絕手術。

1　日本有兩大醫保系統：一類是由地方政府經營管理的「國民健康保險」；一類是由就職公司所屬的行業協會負責經營的「協會健康保險」。不論是「國保」還是「協保」，醫保的報銷比例都是百分之70，儘管個人只需負擔百分之30的醫療費，但遇到大病還是一筆不小的開支。因此日本另外設立了大額醫療費保障：「高額療養費制度」。該制度設置了個人醫療費用（月額）的上限，不論是普通門診還是手術住院，只要個人醫療費用超過「紅線」，超過部分全部報銷。

就算沒有到過於極端的程度，但因爲錢的問題放棄治療的患者也的確是比過去多了。重症疾病的治療尚且如此，就算日後我們利用人工智慧實現了自動駕駛，其價格問題眞的能解決嗎？我認爲這才是自動駕駛能否普及的關鍵。

試想一下，如果有一輛車，能一鍵完成從家到購物中心的自動行駛，那確實很方便。但在車輛剛上市的時候，大家都還不習慣，也不太會有人去買，車價必然趨高。

由美國的行銷顧問傑佛瑞・摩爾（Geoffrey Moore）提出「鴻溝理論」就很好地說明了新技術產品的普及規律，其解釋合理，也具有普遍性。接下來就讓我們一起來了解一下這個理論吧。

該理論稱，創新性新商品的普及過程大都呈S形曲線。在普及初期，市場上只有百分之2・5的「創新者」（innovator）會購買，他們通常是喜歡嘗試新事物的人。之後是百分之13・5的「初期採用者」（early adopters）會開始使用新產品，這一人群往往對流行比較敏感，會提前購買新商品。接下來，當百分之34的多數派「早期大眾」（early majority）購買時，就會一下子加速新產品的普及。最終普及到百分之34的多數派「晚期大眾」（late majority）後，剩下的百分之16對創新

鴻溝理論

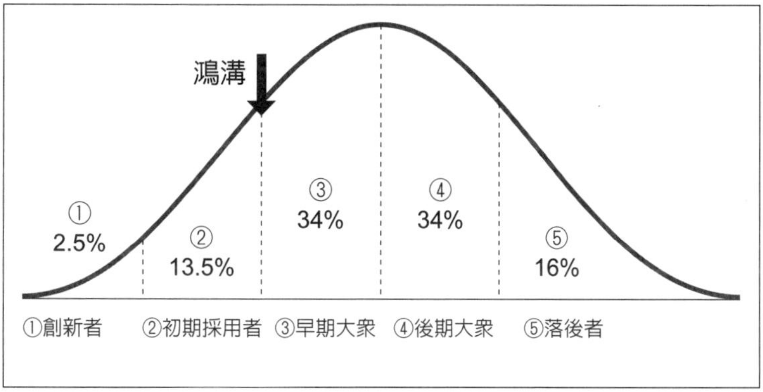

新事物必須跨越②初期採用者和③早期大眾之間的鴻溝才能普及。

毫無興趣的「落後者」（laggard）才漸漸開始使用新商品。到此新產品的普及就算完成了。要知道，只有創新者購買的商品不是暢銷商品，而初期採用者購買的商品是小規模暢銷的商品。一旦跨越初期採用者和早期大眾之間的「鴻溝」，商品就會變得非常暢銷。

例如，空氣清淨器就是跨越了這一「鴻溝」的實例。目前日本空氣清淨器的普及率已經達到百分之43・8。溫水洗淨便座在二〇〇〇年的普及率爲百分之41，現在已擴大到百分之80・2。空調的普及率在一九七五年左右跨越了「鴻溝」，達到百分之17・2，到一九八〇年時上升到百分之39・2，一九八五年時超過半數達到百分之52．3，目前已達百分之91．1。彩色電視機的普及率在一九七〇年時達到百分之26．3，跨越「鴻溝」之後在一九七五年飆升至百分之90．3。

智慧型手機也是一個很好的例子，前身並不叫智慧型手機，而是統稱爲個人數位助理（PDA）。早在一九九三年，蘋果公司推出了一款名爲「牛頓」（Apple Newton）的手機，但終因沒能跨越「鴻溝」而消失在市場上。一九九九年，日本推出i-mode服務，二〇〇七年，初代iPhone推出（二〇〇八年在日本上市）。隨著iPhone的出現，智慧型手機成功跨越「鴻溝」，普及率從二〇一〇年的百分之9．7上升到二〇一一年的百分之29．3，二〇一二年又迅速衝到百分之49．5[1]。

根據鴻溝理論，想要普及自動駕駛汽車，就必須讓早期大眾購買起來。那麼，首先我們來看看自動駕駛行業的現狀。

德國奧迪公司生產的A8作爲一款搭載了三級自動駕駛系統的量產車而備受矚目，該車共有三種型號，定價從1172萬日圓到1686萬日圓不等，可以說價格不菲（二手車的售價也要七百萬日圓左右）。那麼，售價多少才會讓人有購買意願呢？一千萬、五百萬、三百萬，還是一百萬日圓？

據二〇一九年一月日本汽車銷售聯合會的統計（見表1），在上一年所售出的34萬2477輛新車[1]中，普通車是12萬37輛，小型車是9萬7725輛，輕自動車是12萬4715輛。二〇一八年十二月發布的二手車市場資料顯示，普通車是14萬7833輛，小型車是11萬5402輛，輕自動車是18萬4523輛（二手輕自動車的銷售資料來源自全國輕自動車協會聯合會統計）。

從這些銷量可以看出，從豪華車到普通車、小型車、輕型自動車的價格自然會慢慢下降，但最初都是有錢人在買。當價格降到與新普通車一樣時才會有百分之15的人購買。直到價格下降到和二手輕自動車差不多時，才會有百分之23的人（四分之一）購買。

大家可能會想，自動駕駛的車輛不需要人來駕駛，會不會要多掏錢？確實，完全自動駕駛的汽車一旦問世，遇到的競爭對手首先就是計程車。也就是說，開自動

1　以上資料來自一般財團法人家電產品協會《家電產業指南二〇一八節選版》。

表1　2018年日本汽車銷量統計

種類		銷售量（暫定數值）
新車	普通車	120,037輛（15.2%）
	小型車	97,725輛（12.4%）
	輕自動車	124,715輛（15.8%）
二手車	普通車	147,833輛（18.7%）
	小型車	115,402輛（14.6%）
	輕自動車	184,523輛（23.4%）
合計		790,235輛

‧資料來源：日本汽車銷售聯合會（2019年1月發布）

駕駛的車至少得比坐計程車便宜。但是比坐計程車便宜，大家就會立刻購買嗎？不，也還是只有那些有餘錢的人、那些日常生活中的出行都能叫計程車的有錢人會買。事實上，一般人都是自己開車，只要不是長時間駕駛，很少有人會覺得開車是件麻煩事，也不會想著非要利用這點時間做點別的事情。況且，搭乘朋友或鄰居車的人也不少，選擇公車人也很多。

這麼一想，自動駕駛汽車的普及必然要經歷這樣一個過程：開發出自動駕駛汽車→少數有錢人購買→進一步普及到一般大眾。

接下來，我們拋開錢的問題，看看自動駕駛的技術發展到了什麼程度。

自動駕駛技術的現在與未來

目前，自動駕駛技術發展到什麼程度了呢？不同的研究者有不同的說法。我曾在日本的一家研究機構就當前自動駕駛技術及全球趨勢做過一次演講。我在做準備工作時，翻閱了大量的研究資料。在了解了這些資訊後，我只能說自動駕駛技術的開發還任重道遠，但也只是時間早晚的問題了。

現在，全球範圍內對自動駕駛在緊急情況下如何向駕駛員提出警示（是發出警報音還是出現警示畫面）都還沒有統一的標準。而且，已有的標準也都沒有太考慮到人口老齡化的問題。例如，如果是警報音提示，那麼對高頻音不敏感的老年人或是有聽

1　日本新車統計按照底盤結構分為乘用車和貨車。按照車身尺寸和掛量分為普通車、小型車和輕自動車（其中乘用車排量指使用非柴油機的車型）。普通貨車以載重量或總品質為依據進行細分。

力障礙的老年駕駛就很難聽到。如果是畫面警示，對白內障患者、視力有缺陷的、視野狹窄的駕駛也起不了作用。

也就是說，現在的自動駕駛技術還處於設定駕駛對象爲「健康的成年人」的研究階段。但二〇一四年日本員警廳的駕照統計顯示，六十五歲以上的持照人占了百分之20，也就是說每五個司機中就有一位是六十五歲以上的老人。

其實，眞正能實現五級自動駕駛（無年齡限制）肯定也是很久以後的事。目前，也只有谷歌等少數企業是朝著四到五級發展，大部分企業的目標都是在現有基礎上增加一些輔助系統，以爭取達到三到四級的自動駕駛。例如，包括路邊停車在內的所有自動停車系統，對視覺障礙和聽覺障礙司機提供輔助的系統，在混亂的十字路口發出警報並啓動煞車以避免事故發生的系統，以及自動監測闖紅燈現象的系統，等等。相信在不久的將來，這些輔助系統都會逐一實現。

綜上所述，想在近期（五年內）實現完全自動駕駛可以說相當困難，不過三級輔助自動駕駛的汽車勢必會增加。因此，我認爲當前形勢下的自動駕駛汽車的開發應該更多地爲特殊人群考慮，比如老年人和疾病患者，以幫助他們安心駕駛。那麼，對老年人友好的自動駕駛是怎樣的呢？

老年人與自動駕駛

現在，老年駕駛頻頻引發交通事故已經成了社會的一大問題。在二〇二〇年日本的交通死亡事故中，老年肇事者的占比高達百分之54·8，且每年都在創歷史新高。老年人開車撞死多人的事件也曾在新聞中被大肆報導。

這就容易給人留下一種印象：老人總是會「錯把油門當煞車」。

針對這個問題，社會上還發生過一次討論，即「是否應該強制安裝防踩錯系統，以減少老年人的交通肇事」。你可能聽過這條新聞：「老人誤將油門當成煞車的次數是年輕人的八倍。」在對交通死亡事故的原因分析中發現，同是誤踩了煞車和油門，肇事者是七十五歲以下的共二十起，占比百分之0·7；肇事者是七十五歲以上的共二十七起，占比百分之5·9。從具體數值來看，只相差七起。當然，百分之5·9的比例也不算低，但也不足一成。

「老人經常踩錯油門和煞車」是真的嗎？

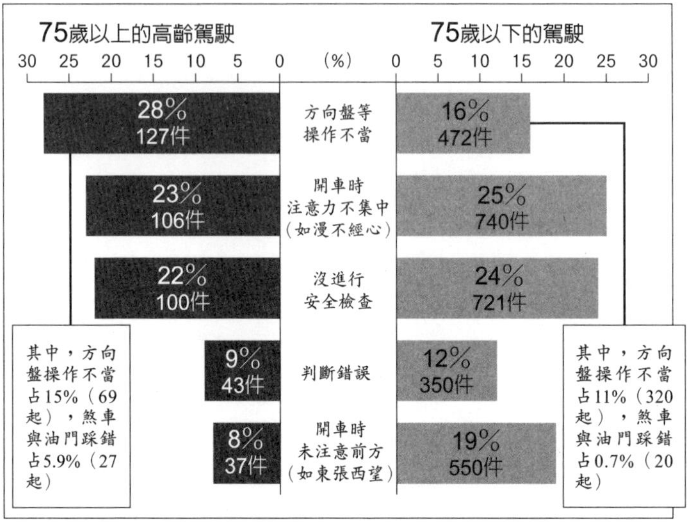

來自日本警察廳《輕型機動以上車輛主要當事人死亡事故的人為因素比較》（2016年）

既然事實如此，但爲什麼我們會認爲「老年人容易踩錯煞車和油門」呢？那是因爲新聞裡每天都在報導類似的事件，交警部門發布的資料裡也會更多提到這一問題。有的人甚至堅定地認爲「老年人就是容易踩錯煞車和油門」。因爲在大部分人的認知裡，高齡就等於認知低下，自然容易犯踩錯煞車和油門的錯誤。此外，汽車撞進便利店等造成嚴重事故的新聞畫面也會給人們留下深刻印象。

但是，我們不能被這些刻板

印象牽著鼻子走，必須要透過現象看到本質。如果在老年人的車輛上安裝了防誤踩系統，就能挽救二十七條人命。在年輕人的車輛上增加一項檢查是否沒有進行安全檢查的功能，就可以挽救七百二十一條人命（參看前頁圖表）。無論是老年人還是年輕人都應該被重視，我們還是有必要在看清事實眞相之後再做判斷。

近期，似乎頻頻發生由老年駕駛員引起的交通事故。這確實不假，涉及老年人的事故總數的確在逐漸增加，老人也的確比年輕人更容易引發事故。可是，老年人的事故發生率正在下降也是事實，但是卻沒有被報導，從而讓大家錯誤地認爲老年人引發的事故在不斷增加，事故率也比年輕人高。

造成這種局面的原因很簡單，就是因爲老年人口在增多，所以老年人引發的事故也勢必會增多。若是年輕人口增多，同理，年輕人引發的事故也會增多。

所以我們必須承認，分析最眞實的資料非常有必要，因爲這些資料關係到我們以後的生活。換句話說，正因爲是人工智慧時代，人類才更應該客觀冷靜地看待資料，否則就容易被ＡＩ操控。

那麼，老年人的實際駕車情況是怎樣的呢？我在醫院裡經常會遇到為了拿駕照來治療眼睛的患者。現在，獲得駕照的條件之一是視力要求在0．7以上。有一些人在上一次更新駕照時視力還在0．7以上，而下一次就降到了0．7以下，這類患者透過治療很快就能提高視力。同時，我也遇到過前來諮詢駕駛問題的患者。比如，「不小心刮到旁邊的車了，是不是因為視野範圍變窄了」、「最近感覺看不清紅綠燈，誤闖紅燈的次數多了」等等。這些情況中，有的是眼部疾病造成的，也有些是年齡增長帶來的。

從法律上來說，取得駕照之後就可以駕駛汽車，但部分人群的駕駛風險是在逐年增加的。例如，因年紀大而眼瞼下垂的人。這些人雖然可以透過手術將眼瞼上提，但視力仍然達不到駕照要求的0．7。所以，相關部門必須嚴格執行「眼瞼下垂到一定程度的人禁止駕駛汽車」這一規定。另外，還要對老年人的視野範圍進行測試，建議視野範圍過窄的人做相應的手術。不過，相比於這些措施，還是在自動駕駛裝置中加入禁闖紅燈的系統更有效也更實際。這樣不僅能防止老年人闖紅燈，也能防止年輕人闖紅燈，從而提高全年齡段的駕駛安全性。

作為看診老年患者的醫務工作者的心願

前面我從大眾科普的角度介紹了自動駕駛，接下來我將從醫學和老年人的角度，談談我們希望自動駕駛的研發人員進行怎樣的開發，以及怎樣的自動駕駛汽車更容易被我們所接受。

在日本，本田汽車已確定投入實際使用三級自動駕駛技術，但其使用非常受限，被業內人士稱作是「奢侈的饋贈」。因爲這些汽車只能在高速公路上不變道，且時速低於六十公里的條件下才能啓動三級自動駕駛。而在實際駕駛中，又有諸多限制，這與我們印象中所謂的「自動駕駛」相去甚遠。想到自動駕駛的價格高昂，發展得如此緩慢也就不足爲怪了，而且這種狀態在一段時間內還會持續。所以，自動駕駛至少要發展到四級，否則難以滿足市場和用戶需求。爲了那一天的到來，我希望研究人員能更多地爲駕駛弱勢群體考慮，把三級輔助駕駛功能，包括某些實用裝置切實地投入到實際應用中。

這其實並不難。比如，可以爲視力不佳的人在擋風玻璃上安裝AR（擴增實境，一種將虛擬資訊與眞實世界巧妙融合，從而實現對眞實世界「增強」的技術）設備，可以爲聽力受損的人將警報聲和喇叭聲視覺化。此外，我們還特別希望能開發出隨著年齡增長，視覺與聽覺的輔助功能可以相應變化的車輛。

現在市面上的汽車不分「年輕人用車」和「老年人用車」。你可能覺得這很正常，但其實不同的年齡階段適用的車是不一樣的。是否可以生產出適合老年人的車呢？

就像手機中的「老人機」那樣。比如，開發一種即使油門踩到底，車速也不會太快的車。其功能可以適當減少一些，取而代之的是更符合老年人習慣的操控系統。

上了年紀之後，百分之99的人都會罹患白內障，比起年輕人，老年人對對向車的車燈和早晚的陽光會更敏感。對此，可以在車上安裝控制光線的裝置。人的眼睛在感到刺眼時，瞳孔會變小，而在光線不足的地方，會越發感覺昏暗看不清楚。對此，可設置一個系統，能在夜間或隧道內行駛時，透過控制車頭燈來提升亮度。對於老年人難以聽到高頻音這一點，可將警報音轉換爲視覺提醒。

此外，啓動引擎時不要採用一鍵啓動式，用車鑰匙更好一些，煞車也不要用腳煞，用老式的手拉式煞車更好。因爲，對老年人來說，「改變」不一定是好事，比起簡便，易懂、好上手才更重要。

另外，考慮到老年人可能會因認知障礙而增加行車風險，可以設置一個系統，讓車輛能自動記錄行車資料並以郵件形式發送給相關人員（比如駕駛的子女），這樣一來，子女也能放心地讓父母乘坐自動駕駛汽車。

當然，子女們的想法可能是「本來就不希望老人開車出行」，但這很難做到。從這個意義上來說，載入有以上技術的汽車對老年人來說更方便也更安全。

我還希望開發出的新車不僅適用於老年人，也適合新手司機、不常開車的人以及對駕駛沒有信心的人。研究人員可以開發一種對新手司機可以是新手模式的車，對老人又能是一款「能讓家人放心且值得推薦的好車」。

雖然目前還沒有這樣的車，但如果能把開發理念轉換爲「打造一款對老年人友好的汽車」，也並非特別難，而且，這還有助於我們過上「稀鬆式生活」。

專欄

能否將生命託付給AI？

連自動駕駛都有涉及生命和技術的問題，那麼醫療領域中關乎生命的問題就更加嚴肅了。根據日本厚生勞動省於二〇一八年統計的日本人死亡原因，包括交通事故在內的「意外事故」僅占其中的百分之3。居第一位的是惡性腫瘤（癌症），占百分之27．4；第二位的是心臟病，占百分之15．3。除去第三位的衰老和第十位的自殺，幾乎所有的日本人都死於疾病。由此可想，如果醫生的診斷或治療方案出現差錯，將會奪走數千萬人的生命。

將來，當我們老了，該如何與AI和高科技共處呢？AI進入自動駕駛、醫療和護理領域後，人類眞的能將生命託付給AI嗎？電影《魔鬼終結者》就提出了這一擔憂，未來AI會消滅人類嗎？要將自己的性命託付給沒有姓名的AI，確實會讓人感到不安。

但從醫療的角度來看，人類終將會慢慢習慣於依賴ＡＩ。理由有以下三點。

①我們正在將生命託付給不知名者

計程車、電車、公車等交通工具，都是由我們素不相識的人在駕駛，但我們卻能自然如常地乘坐。

在醫院，你可能會看看醫生的名字，但不會去記打點滴的護士的名字，也不會刻意去確認自己所接受的治療叫什麼。護理工作也是一樣，每天都有不認識的人爲我們提供說明（雖然大多是固定人員），我們也都欣然接受。

現在只是將治療和護理的工作從人承擔變成了機器承擔而已。剛開始的時候我們可能會有抗拒感，但漸漸就會習慣，並願意將生命託付給ＡＩ。

②ＡＩ比人類更可靠

前文也提到過幾次，美國特斯拉研發的自動駕駛汽車發生了幾起死亡事故，引起了軒然大波。「自動駕駛很危險」的論調也確實因這些事故而起，所以我們現在會比以往更加謹慎地引入自動駕駛。

然而，實際上人爲的交通事故更多。要知道，功能不如人類的AI是不可能被引入我們社會的。AI的事故率低，更值得信賴。

而且，AI還能防止「蓄意事故」。即使AI引發了事故，只要不是駭客入侵，事故責任最多也就是「系統不完善」。但如果是人爲的事故，就有可能是想「撞個人玩玩」的人渣幹的。換句話說，人會主動地製造事故，而AI的系統開發正是爲了杜絕事故的發生。

③如果我不做其他人正在做的事情，就會心生焦慮

我們現在對AI可能還抱有懷疑，等到AI普及之後，大家都使用AI進行癌細胞篩查的時候，再想讓人類醫生來做診斷就相當困難了。因爲，此時患者會想「會不會AI診斷更準確？」、「選擇和大家不一樣的診斷方式，有點不放心啊」。

當大家都用AI了，人們自然就能「隨波逐流」了。

ＡＩ到底是什麼？

至此我們一直在談論ＡＩ，那麼ＡＩ到底是什麼呢？ＡＩ雖然被翻譯成「人工智慧」，但正如日本經濟產業省的報告中提到的，ＡＩ「至今尚未有明確的定義」。

通俗地說，ＡＩ就是「人類的替代品」。在ＡＩ出現之前，我們使用的是機器，機器（機器人）的最大特徵是行爲模式完全遵循人類的設定。例如，把玄關處的紙箱搬到廚房，需要經歷「拿紙箱」、「搬起來」、「移動」和「放置」一系列動作。於是，我們會先將這些動作進行前期設置，而後讓機器行動。如果過程中出現與設置不同的情況，比如紙箱大小不等、目的地發生了變化等，機器就無法完成搬運動作。

但是ＡＩ不同，只要給它下達「把紙箱搬到廚房」的指令，ＡＩ就會在搬運過程中自主識別紙箱的大小，摸索搬運方法，就算紙箱大小不等，目的地來回變換，ＡＩ也能完成任務。

深度學習是近年來提到的ＡＩ的一個技術分支。如果你對朋友說：「把玄關的紙箱搬到廚房來」，你的朋友一定知道該怎麼做，因爲這位朋友充分理解「紙箱是什麼」、「玄關是什麼」、「廚房是什麼」，也知道怎麼拿才不會破損，並會採取必要的行動。這種理解，是人從出生以來在生活中習得的「常識」。而ＡＩ就像一個小孩子。對它說「把玄關的紙板箱搬到廚房去」，它會問「紙箱是什麼？」、「玄關在哪裡？」因此，只有在多次「學習」搬運紙箱這一動作之後，ＡＩ才能眞正派上用場。這就是ＡＩ的特徵。

只不過ＡＩ的學習方法和人類不同，它需要「大量學習」才能準確行動。只是指著一個實物紙箱告訴它說「這是紙箱」是絕對不夠的，因爲ＡＩ會誤以爲這個紙箱之外的紙箱都不是紙箱。如果我們告訴ＡＩ「褐色的、有四個角的物品就是紙箱」，ＡＩ則會因爲「木箱也是褐色且有四個角」而產生誤判。對於ＡＩ來說，只能透過輸入大量紙箱的資料才能最終形成「原來這就是『紙箱』」的認知。因爲ＡＩ的感知與人類是不一樣的。

ＡＩ的感知被稱爲「特徵值」，它在識別事物的特徵方面與人類不同。在人的認知中，紙箱的特徵是「褐色、四個角、不結實」。而ＡＩ可能是根據「拿紙箱的人如何使用肌肉」來進行區分，也可能是利用紅外線、紫外線來進行判斷。總之，ＡＩ是以與人類完全不同的視角來對紙箱進行識別的。因此，它可能會把我們「常識上不會以爲是紙箱」的又紅又硬的木箱誤以爲是紙箱，也可能會準確判定出人類也會看錯的、以假亂眞的仿木箱的紙箱。由此可見，ＡＩ和人類在對事物的理解和感知方面是完全不同的。

除此之外，ＡＩ作爲機器，也具有「不會疲憊」、「做機械性重複工作不會有怨言」、「沒有感情」等特徵。因此，如果是單調地搬運大量紙箱的工作，ＡＩ會比人類更快、更準確地完成。ＡＩ可以二十四小時不間斷工作，不會抱怨說「這種無聊的工作我做不下去了」。

ＡＩ有優點也有缺點。雖說是「人類的替代品」，但和人類還是有很多不一樣的地方的。

第 2 章：

老年人與尖端醫療

為了接受更好的治療

不論是超級老人還是普通老人，隨著年齡的增長去醫院的次數肯定會增多。本章我將介紹老人們經常接觸到的醫療和人工智慧相關的知識，這也屬於我的專業領域。針對某些案例我可能會有贊成或反對的意見，大家就當作是一名醫務工作者的些許觀點吧。

幾乎所有的行業都在討論人工智慧的運用，其中尤其被關注的行業就是自動駕駛和醫療。爲什麼這兩個行業會備受矚目呢？答案就是因爲事關人命。

假如，ＡＩ能幫你決定今天晚上吃什麼，結果因爲一些故障出錯了，但對你來說也就是不吃了而已，並不會帶來什麼不好的結果。

假如，ＡＩ能教你買走勢好的股票幫你賺錢，結果ＡＩ出錯了，給你的財產造成了虧損，但那也只是錢的問題，不會有人因此喪命，說不準之後還會有ＡＩ保險來彌補你的經濟損失。所以，就算是大家最心疼的錢，失去了也有可能再回來，不會出現嚴重後果。

但是，生命和健康一旦失去就無法挽回了。雖說有人身保險，但也只是給逝者家屬發放保險金，而這也不是大家期盼的結果。就算ＡＩ的開發者或者醫生承諾會承擔責任，也沒辦法讓逝去的人重新活回來。

與生命有關的資訊都十分重要，關於生命與健康的資訊將在後文敘述，這裡我們先來說說自動駕駛。汽車產業本身就非常龐大，據說在日本有百分之8．8的從業人口從事的是汽車相關行業，其市場規模極大，而且它還控制著車輛移動過程中的所有數據，如果能將這些數據全部收集起來，必然是一個「超級大資料庫」。

「大數據」這個詞聽起來挺酷，但試想，因爲有了大數據，你可以知道你的朋友從早到晚開車都去了哪兒，在什麼商店買了什麼東西，見過什麼人，待了多久，去了哪家醫院，等等，你會不會覺得有點毛骨悚然？因爲大數據，個人的極私密的行蹤都被詳細記錄下來了，而想要獲得這些資訊的正是被稱作ＧＡＦＡ（谷歌、亞馬遜、臉書、蘋果）的美國四大科技巨頭公司。

和汽車產業相比，醫療行業的規模更大。根據日本勞動政策研究[1]與培訓研究所於二〇一九年的調查，百分之12・5的從業人口所從事的工作與醫療保健相關，可見其市場巨大，而且一些從業人員還掌握著決定人類生死的核心技術。如果汽車的價格是一千萬日圓，無論它多麼方便，購買的人也只是極少數。但如果是心臟外科手術，當其精準度提高了一倍，手術費用也是一千萬日圓，我想大家也都會考慮接受吧？

說到接受更好的治療，人們首先會聯想到和先進醫療技術「同步」的高昂治療費用。不過，也只有極少數疾病會出現這樣的情況，而且在日本，錢並不是目前醫療領域的主導因素。其實，比錢更重要的是資訊，比如，街談巷議中經常會流傳哪個醫生手術做得好、哪個醫生醫術高等這些資訊。

令人遺憾的是，這個世界上也有一定數量的庸醫。只有那些善於收集和利用資訊的患者才能避開庸醫，接受到更好的治療和取得更好的療效。現在，網路或報紙雜誌上也會有各種醫生的資訊，但那些被宣傳成「名醫」的人也未必全都名副其實，其中也有很普通的醫生（特別差的倒沒有），而沒有「名醫」頭銜的醫生裡也不乏「神醫」。

超級老人懂得從醫生那兒打探消息，或透過人脈找到好醫生並接受治療。他們善於溝通，能夠在醫生面前有條不紊地陳述自己的想法和希望接受的治療。能做到這樣的，也僅限於那些能夠冷靜看待自己的病情、擁有一定知識和經驗且不會被僞醫學欺騙的老人。我覺得我的父母就很難做到。如果普通老人也能利用最新技術，成爲像超級老人一樣的老人，大家就都能接受更好的治療了。

醫療領域必需的最新技術──「5G」「IOT」「VR」「AR」

說到醫療領域的最新技術，人們一般都會想到ＡＩ診斷和治療，但這需要大量的基礎資料。例如，單是診斷白內障一種病，就必須有大量白內障患者的病理資料。若是診斷罕見疾病，則需要更大量的資料。因爲，只有透過輸入大量的資料，我們才會有新的發現。而這些大量資料，就是我們所說的「大數據」，它確實在推動著醫療的進步。

1　日本二〇〇三年設立的所屬日本厚生勞動省的獨立行政機構，主要負責日本勞動法和勞動政策的修訂、勞務市場的穩定等。

與「大數據」一樣，５Ｇ、ＩＯＴ、ＶＲ、ＡＲ等技術在醫療領域中也日趨重要起來。接下來，我逐一進行說明。

５Ｇ（第五代行動通訊技術）是遠端手術的絕對必要條件。５Ｇ訊號比４Ｇ快得多。可能會有人說「４Ｇ不也挺好嗎？」，但４Ｇ在手術中是無法使用的，因爲４Ｇ網路會有50～１００毫秒（即０．０５～０．１秒）的延遲。你可能覺得這點延遲算不了什麼，其實不然。比如眼科常有的雷射治療，雷射是以50毫秒或１００毫秒一次的頻率發射，如果出現50毫秒的延遲，雷射很可能會打在非必要的危險部位。而５Ｇ網路只有1毫秒（０．００1秒）左右的延遲，從臨床經驗來看，這點延遲幾乎不會對鐳射操作造成影響。不只是雷射手術，其他的遠端手術離開了５Ｇ也無法安全進行。當然，５Ｇ網路的穩定性也至關重要。因爲訊號一旦中斷就意味著手術停止，後果不堪設想。

ＩＯＴ**（物聯網）能幫我們時時掌握患者的狀態**。ＩＯＴ是Internet of Things

的縮寫，指的是將各種資訊感測器與網路相連形成的一個巨大的網路。比如，將門連入網路，就可以透過網路知道是否已鎖門；將電鍋連入網路，就可以遠端控制電鍋的煮飯時間。目前，醫院裡只有重症患者的動態心電圖接入了網路，這樣護理站能進行即時監測。但是，如果能將所有的心電圖都連接入網，透過ＡＩ進行一定程度的自動診斷，那麼住院患者的病情突變就可以在早期被發現了。不僅僅是心電圖，若其他醫療設備也都連入網路，就不會再出現「氧氣洩漏」、「藥品見底」等情況了。點滴快結束的時候，患者也無須自己去護理站叫護理師，因爲系統會自動通知護理師。

ＶＲ（**虛擬實境）是**Virtual Reality**的縮寫，可以用於手術前的確認，以及讓患者了解病情**。只要戴上ＶＲ眼鏡，即使身在日本，也能３６０度身臨其境地欣賞海外風景，這是一種不處於現實中卻彷彿能看到現實世界的技術。例如，關於視網膜脫落，與其向患者解釋說「視網膜脫落是指眼底的視網膜神經上皮層與色素上皮層分離」，不如讓患者實際看看視網膜脫落的３Ｄ圖像更容易明白。當然也可以不用ＶＲ，單純用３Ｄ技術也是可以的，目前利用３Ｄ向患者進行醫學說明的技術已完全具備，我所在的醫院就是這樣的。

並且，如果醫生能在術前透過３Ｄ圖像掌握患者病情的細節，手術也能更加安全、準確、順利地進行。我們每個人的身體狀況都不一樣，就連血管的走向也會因人而異。在不應該有血管的地方要是出現血管，手術過程中就可能引起出血。因此，日常手術中也時常會發生意外，而只有那些經驗豐富、甚至經歷過失敗的醫生才知道如何及時應對。不過，如果能事先利用ＶＲ成像模擬一遍手術，那就萬無一失了。

ＡＲ（**擴增實境**）**是一種將虛擬資訊與眞實世界巧妙融合的技術**。ＡＲ能在手術過程中查看患者的患病部位。你或許覺得這是醫生本該知道的，但手術中發生大出血時，或病人情況出現惡化時，我想多數醫生都有過「分不清哪裡是哪裡」的經歷。這時，如果有ＡＲ的幫助就能安心不少。

支撐最新技術的「大數據」

實施這些先進技術的前提是要有大量的患者資訊，也就是前文提到的「大數據」。然而，在醫療行業，要想獲取患者的大量數據是非常困難的一件事。

購物平臺亞馬遜會根據買家的購買歷史向買家推薦商品，以方便客戶消費。同時，買家的喜好資訊也會被亞馬遜獲取，其中也包括一些不想讓旁人知道的商品購買訊息（比如成人用品等）。

但醫療資訊的獲取就沒有那麼容易了。那麼，醫療資訊到底指的是什麼呢？我們首先想到的就是患者資訊。比如一個人得了什麼疾病，正在接受什麼治療，有沒有效果，等等。

當然，公開醫療資訊也有諸多好處。試想，如果有一百家醫院，手術的方案就會有一百種，這些手術方案的具體操作又會因執刀醫生而異。雖然整體看來都一樣，但手術過程中一些細小的刀法、傷口的縫合法，並沒有絕對的標準，全由主刀醫生決定。比如，白內障手術時需要在眼球上開切口，有開三個切口的醫生（兩個０．１公分的小切口和一個０．２至０．３公分的大切口），也有開兩個切口的醫生（一個０．１公分的小切口和一個０．２至０．３公分的大切口），每種做法都各有各的道理。開三個切口的醫生認爲那樣做穩定性更好，開兩個切口的醫生認爲應該盡量少開切口。全世界對此並沒有統一的標準，醫生們都是根據自己的習慣來做手術。

但透過對大量的手術資料的收集和分析，我們就能夠得出一個相對合理的結論，以提高手術的精準度。比如白內障手術是「統一開兩個切口爲好」，或「某種情況下需要開三個切口」。這樣一來，相應手術的治療效果在全國範圍內都會有所提升。但是，在此之前，我們首先需要解決不良醫院的問題，要曝光那些不能達到一定治療效果的醫院。

事實上，確實有一些醫院是患者口碑不好的醫院，但因爲沒有協力廠商對其手術過程進行全程監控，而且也不是所有手術都失敗，所以也無法對這些醫院進行警示。此外，還有些醫生是手術技術不好，還坐井觀天，故步自封（這種人意外地多）。如果能有準確的醫療資料，就能曝光這些「江湖醫院」，患者也能避開這些醫院，選擇去好的醫院接受治療，治療效果也會明顯提升。

不僅手術，藥物也是一樣。針對高血壓，現在有很多相應的藥品，診斷和治療的基本方案也非常成熟，所以醫生通常都是按慣例爲患者開藥方，比如前期服什麼藥，後期服什麼藥，但問題的關鍵是這樣的配藥方式眞的好嗎？如果我們能在世界範圍內收集大量資料，就可以針對不同的患者開具不同且更有針對性的藥方，比如，「缺少運動的三十多歲男性適合A藥」、「經常運動的四十多歲女性適合B藥」等。

另外，目前日本政府只要求對規定內的傳染病進行病例上報，而大部分的傳染病病例都無須上報。這就意味著我們很難知道哪些醫院的傳染病病例較多。當我們聽到「流感正在蔓延」的新聞時，其實流感已經蔓延到全國了，或至少是大部分城市都有了。如果所有資訊都能共用，我們就可以具體地知道流感現在蔓延到哪裡了，比如「東京都的江戶川區」，或者更詳細的「平井站附近」。如果還能結合自動駕駛的行車紀錄，我們甚至可以確定「三月十日去看了××電影的所有人都有可能感染流感」。根據這些資訊，接診相關患者的醫生就可以直接往流感上考慮。另一方面，患者本人也不用在候診室等候，可以儘早接受診療，還可以預防在醫院內部的交叉感染。近兩年，日本爲了追蹤新冠密切接觸者，推出了應用程式「Cocoa」，後續計畫將其擴展運用到所有的傳染疾病領域。

其實，共用資訊可以說明我們發現更好的治療藥物，制定更好的手術方案，以及更好地預防傳染病等。就算沒有進入人工智慧時代，資訊也應該共用，但到目前爲止，醫療資訊都沒有實現共用。其中有著「不便明說的原因」。

醫療資訊不便共用的原因①——人會說謊

醫療資訊沒有實現共用的原因有多個，其中之一就是醫生會隱瞞實情。

不僅僅是日本，全世界所有的醫院裡都有實習醫生。讓實習醫生治療就可能會出現誤診，就算有上級醫生在旁邊看著，失誤也在所難免。況且，上級醫生也會有失誤，因爲不存在絕對不失誤的醫生。舉個簡單的例子，比如抽血。抽血一般都是由護理師來做，即便旁邊有主管護理師看著，新手護理師也很難一次性抽血成功。想必大家都有過被新手護理師扎幾次的經歷吧。

所以，上級醫生會監督實習醫師的工作，將失誤控制在不會對患者造成影響的範圍內，若出現問題上級醫生也會及時處理。比如，抽血的時候，如果新手護理師一次兩次都不成功，主管護理師會立刻換人；若是發現有損傷患者神經的風險，主管護理師也會馬上叫停。其實嚴格說起來，這些情況也可以算作醫療事故。但是，如果對抽血失誤零容忍，新手護理師就會害怕，一直不敢自己抽血。長此以往，就會導致所有工作只能上級醫生包辦，實習醫生連抽血的機會都沒有。

如果這些資訊也作爲醫療資料全被公開，那麼在普通民眾看來，那些培養實習醫生的醫院就是「醫療事故多的醫院」，而那些不培養實習醫生，全都由正式醫生來看病的醫院就是「沒有醫療事故的好醫院」。醫療事故會給醫生帶來極大的心理壓力。當然，如果是因爲醫生自己怠忽職守、違背醫德，自然應該追究責任，但那些勤勤懇懇、恪盡職守的醫生，也會擔心自己可能會因爲這一次小小的失誤而丟掉工作。

那麼，這會帶來怎樣的後果呢？那就是有人可能就會選擇撒謊。例如，醫生會篡改資料，讓它看起來不是醫療事故，這樣一來，眞正的醫療資訊就不得而知了。目前爲止，醫療資訊都是由專人負責收集，並沒有實行匿名化，這就意味著相關的責任在個人。換句話說，一旦發生醫療事故，會傾向於追責個人，而不是系統。但是，如果運用大數據的新技術，那麼收集資料並進行自動判斷的工作就會由人變成電腦。這樣做的好處在於，人們使用資料的目的就變得很單純了，都是爲了改善醫療狀況，而不是追究個人責任。這樣一來，醫生就會比較容易接受。

不僅醫生，患者也會撒謊。假如醫院收集的資訊是向全社會公開的，那還會有人能勇敢地承認自己得的是性病嗎？於是，那些患有難以啓齒的疾病的患者，就會選擇說謊。比如，許多做過整容手術的人都不希望別人知道自己整過容。曾有一位患者來看病時說自己眼睛裡有異物，我給她做完檢查後發現她的眼球上有傷痕，似乎是被眼瞼上的一條像線一樣的東西劃傷的。我問她有沒有做過眼部手術，她才坦白說自己做過雙眼皮手術。

再比如，你因爲腳癢去看皮膚科。醫生告訴你說是足癬（眞菌感染），囑咐你每天早晚塗藥膏。最開始的幾天裡，你都會遵守醫囑每天認認眞眞塗藥，慢慢地，腳不癢了也不紅了，於是你開始嫌麻煩，只晚上塗，早上以時間太趕爲由就不塗了。而且，考慮到塗了藥穿鞋出門不舒服，你也不願意塗。

之後你去醫院複診時，醫生看過之後說「怎麼還有足癬？藥膏都塗了嗎？」你會怎麼回答？有人會老老實實地回答說「忘了」，也有人會說「塗了」。最常見的回答是「偶爾也會忘」。但實際上，這個「偶爾」就是「幾乎」。如果將患者的這些回答作為資料登錄並統計，系統就會判定「該藥膏無效」。事實上只是因為患者沒有堅持塗抹，並非藥膏無效。

要想患者不撒謊，就必須嚴防個人資料洩露，建立起一個由電腦自動判斷的系統。這樣才能獲取眞實有效的訊息。

醫療資訊不便共用的原因②——標準不統一

還有一個我們容易忽視的問題，那就是每個醫生對資料的認識不同，輸入的方法各異。有些醫生自以爲是，會固執地認爲自己的治療方案是最好的。這樣一來，對於某種疾病的治療，就可能出現過於偏頗的觀點。對於癌症的治療，現在醫界已經建立了要求醫生登錄全部病例情況的制度，但對於其他疾病，「是否進行治療」的判斷會因醫生而異，「治療效果的標準」也不盡相同。

例如，如果一位患者是白內障晚期，那麼醫生都會建議其進行手術，如果是極早期，則建議不做治療。那麼，從初期到晚期，白內障發展到怎樣的程度才會建議手術呢？對此，不同醫生有不同的看法。有些醫生認爲只要出現了白內障，且視力開始下降的時候就該做手術，因爲這時候病情還不太嚴重，手術難度小，安全性高。也有醫生認爲待白內障發展到一定程度後再做手術爲好，因爲可能有些老人不做手術也能享盡天年，而且發展到一定程度後再治療，患者的滿意度也會更高。

我們沒法說誰對誰錯。然而，在輸入患者是否適合手術的數據時，醫生們可能各持己見。因爲大家的看法都有道理，所以要想統一標準並不容易。但是，如果電腦能從醫生們登錄的眾多數據中自動提取關鍵資訊，生成一個統一的標準，問題就得以解決了。

除了輸入標準上的分歧，對輸入資訊這件事本身，很多人也持消極態度，覺得輸入資訊太麻煩了。雖然之前業內已經開始有人呼籲各醫療機構共用資訊，但到了實際操作中，要把所有患者的資訊全部輸入電腦，或是寫在紙上透過傳眞發送，的確是件非常麻煩的事。而缺乏醫學知識的協力廠商也無法做到從病例中提取關鍵資訊並正確輸入系統。總之，輸入資訊的工作量巨大，需要大量人手。但是，如果ＡＩ等新技術能自動將資訊轉爲大數據，就可以省去這些麻煩了。

所以，如果有ＡＩ幫我們提取必要資訊，以上問題在一定程度上就能得到解決。如果資料能自動提取，醫生和患者都沒辦法再說「不」了。而且，即便有人撒謊，系統也能自動識別，揭穿他們的謊言。比如，當某個醫生的治療週期總是比別人短，ＡＩ就會質疑他輸入資料的眞實性。即使資料登錄的方式各異，ＡＩ也能進行綜合判斷，再自動提取關鍵資訊，這顯然能爲我們省下不少事。可見，到了人工智慧時代，我們可以更方便地利用醫療資訊。不過在這些新技術推廣的初期，可能會有不少醫生反對，但這一趨勢已不可逆轉。然而，醫療資訊的共用對於患者來說，並不是那麼簡單的事。

個人資料真的不會洩露嗎？

關於醫療資訊共用，只要是國家明文規定，醫療部門就算有怨言，也只能照章執行。畢竟醫療屬於國家制度性保障範疇，其價格、收入全都是由國家來決定的。

可到了患者這邊，事情就不一樣了。如果患者提出「不希望自己的就診資訊被收集」，國家也很難強行要求其提供。當然，也有突發性傳染病等不可抗力的情況，但因涉及人權問題，國家想要獲取個人資料也不是一件容易的事。就連現在正流行的新型冠狀病毒都有人會隱瞞實情，所以很難想像大家會一五一十地說出自己的全部病情以方便資料收集。谷歌等商業巨頭也在收集個人資料，但也不能強迫。

這就是醫療行業的困難所在。我們在使用谷歌搜索引擎時，谷歌會獲取我們的搜索歷史資料；在亞馬遜購物時，亞馬遜會獲知我們的住址、銀行卡號、個人喜好和購物習慣；用臉書時，我們的人際關係、家庭關係也會洩露。但是如果你不主動地輸入這些資訊，系統也就無法獲取。也就是說，對於那些不想被獲取的資訊，你完全可以不輸入。我們普通人購買普通商品時都是大大方方地購買，估計我們只有在購買特殊商品的時候才會想著要在資訊輸入時做一些處理。但醫療資訊的收集就不是這麼簡單了。

試想這樣一個流程：所有的醫療資訊都提供給谷歌→谷歌核對後保存好資訊防止洩露→除谷歌內部特定人員外任何人不得查詢資訊→未經許可不得向其他公司提供資訊。這一套流程下來似乎讓人足夠安心。

但是，假如是一位絕症晚期患者的資訊，系統裡就會出現「還有××天的生命」的診斷資訊。也就是說，不僅自己的家人，素不相識的第三者也會知道患者生命所剩無幾，這是一件非常糟心的事。就算這一資訊不會被濫用，想想也是讓人心裡很不舒服的。

日本的一個求職資訊網站就出現過類似的問題。二〇一九年日本著名求職入口網站Rikunabi（リクナビ）透過ＡＩ計算得出了註冊用戶的「內定辭退率」[1]，然後將

1　日本徵才市場中的一種常見現象，指已取得公司錄取的求職人員主動提出取消錄取、放棄入職。

其賣給了協力廠商公司。這一新聞在當時引起了軒然大波，但其實這件事情本身並不違法，因爲使用該網站的註冊用戶都簽過「自願提供個人訊息」的條約。若是醫療資訊由ＡＩ管理，自然也會簽署一份幾十頁的契約書，而這類契約書會像手機合約和保險合約一樣，滿篇都是晦澀難懂的術語，密密麻麻一大份，讓人根本看不下去。

那麼，如果將醫療資訊和企業徵才結合起來，會怎樣呢？可以想像，人們的職位晉升、重要的人生岔路都會受到個人健康資訊的制約，甚至被差別對待。比如，公司爲了經營發展需要提拔適當的人選，於是，ＡＩ就會對候選人今後的工作能力進行測評。如果是一個抱病之人，在未來的日子裡，他住院或請假治療的機率就會比較高。而ＡＩ是不會考慮「我們不應該歧視生病的人」，它只會機械地選出「健康」的員工。同樣，當自體經營戶想要將工作交給一個人時，如果先用ＡＩ對其工作效率進行測評，也會產生同樣的歧視問題。

播音員一定不希望他人知道自己有咽喉息肉；做漫畫家助手或出版社相關工作的人也不希望別人知道自己的眼睛有問題，因爲這可能會讓他們丟掉工作。

諸如此類的疾病資訊，人們都是不想讓他人知道的。患者通常只有在醫院才會對醫生說出實情，爲的是聽取醫生的診斷意見，但也還是會有如前文所說的那些想要隱瞞自己的性病或整形手術史的人。其實，連對醫生都想要隱瞞的資訊，一定都是關鍵資訊。

對此，研究人員正在進行僅提取「特定資訊」的技術研究。然而，二〇一七年還是發生了這樣一起案例，英國某醫療財團向谷歌旗下的DeepMind提供了患者資料，因此舉違反了《隱私法》而收到了行政指導[1]。此類問題在今後估計還會繼續出現。但另一方面，社會作爲一個整體，收集和處理大量個人資料，也有造福所有人的好處。

AI診斷可杜絕庸醫

引入人工智慧等高科技之後，醫療界會發生怎樣的變化呢？首先受到影響的就是疾病診斷。

1　行政指導是國家行政機關在職權範圍內，爲實現所期待的行政狀態，以建議、勸告等非強制措施要求有關當事人作爲或不作爲的活動。

許多疾病可以根據血檢報告及ＣＴ（斷層掃描）、ＭＲＩ（核磁共振成像）等圖像資料直接進行ＡＩ診斷，也就是說，不用醫生也能做出診斷。很多人認爲ＡＩ診斷的正確率會更高，其實不然，研究表明ＡＩ和醫生的診斷正確率幾乎相同。相比之下，採用ＡＩ診斷的好處在於能很大機率地「杜絕庸醫」。不僅如此，對於ＡＩ診斷的研究也非常容易，很多技術如今已趨於成熟，幾乎每次學術會議上都有人發表相關研究成果。但這些研究都還只是關於「診斷」的，幾乎沒有與「治療」或「預防」相關的，這又是爲什麼呢？

在「治療」研究方面，雖然研究方法並不複雜，但會涉及倫理問題。假設要研發一台用ＡＩ做胃癌手術的機器，該機器能比傳統手術縮短半個小時的手術時間，復發率也會下降百分之2。那麼在實驗研究階段就需要兩組資料的對比，一組是傳統胃癌手術的資料，一組是ＡＩ胃癌手術的資料，而且得確保是手術患者對自己將接受哪種手術不知情的情況下獲得的資料。因爲知情和不知情會直接影響患者的術後生活態度，如果患者知情，那產生的資料差異可能並非手術本身帶來的。比如，患者知道自己做的是ＡＩ手術，又盲目相信ＡＩ，術後可能不注意保養，最後導致復發率升高。

同理，患者知道自己做的是傳統手術，因擔心手術效果，在術後生活中處處小心，最終復發率降低。這些都是有可能發生的情況。

正因爲醫療是大家翹首期盼的重要領域，所以相關研究也正如火如荼地進行著，但依然繞不過倫理這關。我也曾開展過對患者進行「迴避治療方案」的相關研究，爲了能爭取三十位（研究的最低人數下限）患者的協助，在向患者說明研究內容並獲得患者同意這一步上就特別傷腦筋。其實，研究中使用的治療方法安全性相當高，解釋起來也不難，但還是有很多患者表示「不願參與醫學實驗」。我也能理解這種心情。爲了能爭取到這三十位患者的參與，我與比這多得多的患者進行了逐一的解釋，而在後來的實際研究過程中又是困難重重，耗費了相當大的精力。

其實，ＡＩ診斷很簡單，因爲答案已具備。我們首先請專家醫生和普通醫生對一位患者進行診斷，然後再由多名專家醫生會診，由此得出的診斷結果就是「標準答案」，也就是說，正確率爲百分之百。隨後，我們讓普通醫生來診斷，把診斷結果和「標準答案」對照，一般情況下正確率是百分之80。接下來，再由ＡＩ對同一患者進行診斷。如果ＡＩ的正確率高於普通醫生，就表示ＡＩ診斷可行；如果正確率達到專家醫生的水準，那麼可以說，ＡＩ診斷更令人放心，而且它還不知疲勞，不會誤診，且無須數名醫生會診。由於問題與答案都是對應的，所以ＡＩ學起來也很容易。對患者來說，只不過是由多名醫生和ＡＩ一起爲自己做診斷而已，所以就算成爲醫學研究實驗的對象也是放心的。其實，目前全球的ＡＩ診斷研究正在快速發展。

眼科界的ＡＩ研究

眼睛是一個透明的、部分裸露在外的器官，所以眼科界的ＡＩ研究是發展最快的。最早的誘導性多能幹細胞（iPS）移植[1]手術就是在眼科界實現的。

「眼底照相」是一項借助照相設備進行的眼底檢查，無痛無風險，只是拍一張眼球後部的視網膜照片而已。這是常規體檢的項目之一，因此，我們有著大量的檢查資料。而且，有眼疾的患者通常都需要做眼底拍片，所以病理資料我們也收集了不少。可以說，眼底照片爲諸多疾病的診斷提供了可能。

目前看來，最有望成功開發眼科ＡＩ診斷技術的是谷歌的相關公司。糖尿病視網膜病變是造成日本人失明的三大原因之一（居第三位），可以說是成人最常見的致盲原因。現在，利用谷歌系統就能對這一眼疾進行診斷，準確性無異於眼科醫生，且只需對著眼睛拍一張照片即可。

糖尿病視網膜病變會導致眼睛的血管變脆弱甚至出血。在病變早期，出血並不會影響視力，患者也感覺不出任何症狀。但是，如果放任不管，等到了晚期就不得不進行手術了，而且最壞結果就是失明。

爲了避免這一情況的發生，患者需要每三個月或半年去眼科做定期檢查。但是，許多人沒有動力堅持做定期檢查，年紀輕輕就失明的病例屢見不鮮。那些沒有任何症狀卻堅持定期去醫院複檢的人，確實也是挺辛苦的。

那麼，如果只是單純的拍片，是不是也可以不必專門去眼科，在去內科等別的科

1　二〇一七年，日本理化學研究所宣布，他們將異體iPS細胞培養成的視網膜細胞移植到了一名六十多歲男性的右眼中，這是世界首例iPS細胞「異體移植」手術。

室的同時就拍了呢？基於這一想法，谷歌正在開發ＡＩ的眼底照相，部分國家也已將ＡＩ系統投入了實際應用。如果能實現在智慧型手機中內建一個小小的外掛程式，就能進行一定準確度的診斷，無須去正規醫療機構接受檢查，那麼這樣的技術對醫療資源匱乏、缺醫少藥的農村或貧窮國家來說可謂是雪中送炭。

可歸根究柢，關鍵是要由人類來制定「答案」，即診斷的標準是什麼。

診斷標準由人類制定

即使進入ＡＩ時代，疾病的診斷標準也是由人類來制定的。對此，有人批評說「這不是和不斷改變高血壓的確診標準以增加高血壓患者數」是一個道理嗎？」。其實不然。爲什麼診斷標準會由人來制定而不是ＡＩ呢？

因爲ＡＩ很難清楚地界定「疾病」和「非疾病」的界線。若是骨折，毫無疑問ＡＩ能做出正確的判斷。但癌症就不一樣了。你可能會想，「癌症不是很好診斷的嗎？」如果你認爲只要是體內有了癌細胞就是癌症，那可就不對了。

人體每天都會產生大約五千個癌細胞，但是健康的細胞會消滅這些癌細胞並存活下來，所以我們不會輕易患上癌症。現代醫學對癌症的定義是，當體內癌細胞增加到一定數量之後方可確認為癌症。因此，有時就算檢查出體內有癌細胞也無須進行治療，因為在癌細胞沒有發展到一定程度時，對我們的生活和壽命都不會有大的影響。也就是說，在沒有對身體造成影響的情況下，即使體內有癌細胞也不會被診斷為癌症。

那麼，體內有了多少癌細胞才能算是癌症呢？兩個，還是一百個？我們必須對此有明確的界定。比如對於高血壓的診斷，當血壓超過１４０㎜Hg就會被診斷為「高血壓」。確實有統計顯示，血壓高於１４０㎜Hg和低於１４０㎜Hg的人的疾病發病率明顯不同。那１３９㎜Hg和１４０㎜Hg之間會有很大的區別嗎？答案是，並沒有。所以讓對數字特別敏感的ＡＩ來區分高血壓和正常血壓毫無意義。我們只需要ＡＩ提供診

1　日本的高血壓標準從一九八七年的１８０㎜Hg，一九九七年的１６０㎜Hg，二〇〇四年的１４０㎜Hg，到二〇一七年的１３５㎜Hg。標準在不斷下降，從而導致高血壓患者增多。

斷建議即可，如「以你現在的血壓和身體狀況，把血壓降下來會更好」等。說到底，患者情況各異，有血壓130mmHg但仍需要服藥降壓的，也有血壓160mmHg卻無須治療的。

所以，尤其是可以用數字表示的東西，其實並沒有那麼嚴格的界限。我們對某一個東西下定義，通常也只是爲了讓人更好理解，比如創建病名及確診標準。

換句話說，到了AI時代，「病名」這個詞都有可能不再被使用，取而代之的可能是「機率」或「資料集合」等。

前文多次提到過的「白內障」的診斷，也是同樣的道理。假如你現在去問眼科醫生「我是不是白內障?」，醫生說「是」，第二天再去問別的醫生，別的醫生又說「不是」。但這並不能說明其中哪位就是庸醫。白內障是眼睛裡的晶體產生的白色混濁物，五十歲以上的人群有一半都會有這種現象，但對渾濁了「多少」的理解又會因人而異。比如白頭髮，有人看到一根白頭髮就說「有白頭髮了」，也有人看到很多白頭髮了，甚至到了需要染髮的地步了才說「有白頭髮了」，這兩種情況都沒有問題。

有時人們用非黑即白的方式對一件事情進行描述，也是爲了讓人更好地理解，比如說「你是白內障」、「你是憂鬱症」等。其實人體的情況並不是非黑即白，但醫生不可能告訴病人說「可以說你是白內障，也可以說你不是白內障」。而ＡＩ則可以用百分比來準確地表達渾濁程度，比如「晶體的百分之20變渾濁了」。如果你進一步問「那這是白內障嗎？」，ＡＩ則會回答說「不知道」。因爲要想讓ＡＩ下診斷，必須先確定白內障的確診標準。

當然，ＡＩ的最終表達還是類似「你是白內障」這類明確的診斷，但其實背後是人類在劃定標準，是人將某一數值作爲白內障的確診依據。拋棄非黑即白的固化觀念才能更好地接受診斷和治療。我希望大家都能明白這一點。

ＡＩ診斷引入日本的問題及今後的趨勢

那麼，要將ＡＩ診斷引入日本，除了需要制定診斷標準之外，還存在哪些問題呢？有人可能會提到醫師協會[1]的反對，我個人認爲醫師協會不太會有反對意見，其中有一個較爲微妙的原因。醫師協會裡最有話語權的是內科醫生，而引入ＡＩ診斷對內科醫生來說好處多多，所以他們表面上會裝作好處都給了眼科，擺出一副反對的姿態。外人看來好像是「醫師協會又在一味反對」，事實上可能就只是擺擺樣子而已。坦率地講，ＡＩ診斷最終還是會被引入的。

再者，日本的國情和政策也影響不了醫學的發展方向。既然國際大趨勢是這樣，那麼ＡＩ診斷引入日本也只是時間問題。

其實，不僅糖尿病視網膜病變，其他的眼科疾病也可以透過ＡＩ來進行診斷。但對於罕見疾病，ＡＩ治療還是無能爲力的。

你或許看到過這樣一則新聞——ＩＢＭ打造的人工智慧「沃森」（Warson）醫生診斷出了罕見白血病。這一消息意味著，如今機器已經能根據現有資料，對一般醫生所不能及的罕見疾病做出正確的診斷。「沃森」醫生之所以能做到，主要還是因爲有「數位化的資料」。

此話怎講呢?對於血液檢驗的相關資料，如果其中的某些指數偏高，機器會很容易做出是某種特殊疾病的診斷。但是，眼底照片、X光片、內視鏡等相關的檢查結果往往都是影像，並未被數位化，所以，時至今日ＡＩ對罕見疾病的診斷描述多是模糊的。例如，對於眼底的「火焰狀出血」和「點狀出血」，人眼一眼就能區分出不同，但若要讓機器來進行識別，就必須先給火焰狀和點狀做出明確的區分定義並將資料登錄機器。因此，對罕見疾病的影像診斷，今後也還是得依靠人眼。

綜上所述，AI診斷的兩大先決條件是——準確的數位資料和大量的影像資料。對於X光片、CT、MRI、心電圖、眼底照片等這些普通的影像診斷，以後應該都會交由AI來完成。眼科醫生並不擅長看心電圖報告，那他們是如何處理心電圖報告的呢？可以先由電腦做自動分析，出現異常情況時再請內科醫生會診。未來，AI診斷應該會比現在更精準。

那麼，放射科的醫學影像醫生和眼科醫生的診斷工作以後會不會被AI替代呢？答案是不會。

首先，AI無法診斷罕見疾病。原因有以下兩點：

1　日本最大的非官方醫學協會，於一九一六年成立，成員主要是醫生、護理師及管理人員等。

①確診標準不明確。

②罕見疾病缺乏足夠的醫療資料，ＡＩ無法做出準確的診斷。

因此，ＡＩ之外還需要有博學多聞的醫生。那些經驗不足的醫生，對罕見疾病無法做出診斷，對一般性疾病的診斷水準又不如ＡＩ，是不是就意味著不需要他們了呢？那也不是，普通醫生自有他們存在的價値。因爲ＡＩ得出的結論需要有人爲之負責，所以以後類似簽字蓋章之類的工作估計會由這些經驗不足的普通醫生來做了吧。

也就是說，從患者的角度來看，以後會經歷以下就診過程：以低廉的價格接受多項ＡＩ檢查→普通醫生簽字、確認→治療→效果不明顯→希望做進一步的檢查→去能熟練操控ＡＩ的名醫處就診。

名醫是有限的，這種供不應求的狀態會直接導致醫療費用過高。能走到「希望做進一步的檢查→去能熟練操控ＡＩ的名醫處就診」這一步的，基本都是超級老人之類有財力又有實力的老人。當然，普通老人能享受的「普通醫生＋ＡＩ診斷」也會比我們現在接受的普通診斷的正確率更高，而且這兩者之間的差別遠不及我們現在的名醫和普通醫生的差距。所以當醫療進入ＡＩ時代，我們也不必過分執迷於名醫。

如何看待ＡＩ的診斷結果

ＡＩ診斷會給出怎樣的結果呢？ＡＩ不會直接給出診斷結論[1]，比如，對憂鬱症的診斷，它會以百分比的形式呈現，如「百分之99的可能性是憂鬱症」或「百分之67的可能性是憂鬱症」。

這意味著ＡＩ能將人類難以把握的情況視覺化。醫生通常會用斷定的語氣來陳述病情，比如「這就是憂鬱症」。但實際上，誰都知道這種疾病不能「百分之百」地斷言。就算醫生心裡想的是有百分之90的可能是憂鬱症，嘴上往往還是會以百分之百肯定的語氣下診斷。不過，在這些被醫生診斷爲憂鬱症的病例中，其實也有被誤診的。從醫生的視角來看，這是沒辦法避免的，可是患者會認爲這是醫生的失誤。現實中確

1　編註：SaMD(Software as Medical Device)已經可以合法直接提供診斷結果。

實會有這樣說不清的模稜兩可的情況。

和診斷一樣，ＡＩ提出治療方案也會用到機率。對於肺炎患者，使用抗生素是常規的治療方法，但醫生也不能保證用了抗生素就能百分之百治癒，於是，醫生會先使用一種抗生素，如果沒有效果再換另一種。

而ＡＩ的治療方式是這樣的。ＡＩ會提示：「抗生素Ａ的治癒機率爲百分之72，產生副作用的機率爲百分之5；抗生素Ｂ的治癒機率爲百分之65，產生副作用的機率爲百分之1；抗生素Ｃ的治癒機率爲百分之64，產生副作用的機率爲百分之０．０２。」

那麼，你會選擇Ａ、Ｂ、Ｃ中的哪一種呢？若不清楚究竟有什麼副作用，人們依然很難做出選擇，因此，我們必須先要了解這幾種抗生素分別會產生怎樣的副作用。

在目前的臨床治療中，一般情況下都是醫生基於可能產生的副作用，從醫生的專業角度爲患者選擇一個相對合適的治療方案。有了ＡＩ之後，這些副作用將會被重點提出，更多的時候就需要患者自己來做出選擇了。若是產生副作用的機率相同，選擇就相對簡單一些，人們就不會有太多糾結。可若是像上文列舉的那樣，Ａ、Ｂ、Ｃ三種藥物間存在較大差異的，患者又該如何做出選擇呢？

①我無法決定

其實很多時候，資訊越多我們就越迷茫。資訊不多反倒好判斷，資訊越多越難做決定。比如買電腦的時候，店員給我們介紹電腦的儲存怎麼樣，ＣＰＵ怎麼樣，我們也聽不明白。買洗衣機的時候，比較了清洗能力、用電量，也得不出結論來，最後還是根據品牌、外觀設計或者價格做的決定。你是不是也是這樣的呢？

就連選擇一些生活用品都這麼難，更不用說是爲自己或家人的生命做選擇了。能果斷做出決斷的人實在是不多。有的人思來想去，怎麼也下不了決心，甚至還可能糾結成心病。所以，在ＡＩ時代到來之前（不，ＡＩ時代已來臨），大家有必要從以下兩種思路中確定自己的基本方向。

②放心託付

「都聽醫生的」是現在常見的一種思路。好處是自己不需要詳細了解疾病和治療方案，也不需要思考，缺點是可能會出現患者的想法與醫生的考量不匹配的情況。接著用抗生素的案例來講，如果遇到的是一位勇於挑戰、速戰速決的激進型醫生，可能就會選Ａ；如果是一位盡量規避風險的保守型醫生，可能就會選Ｃ。

爲了避免和醫生出現分歧，我們首先要做的就是找到與自己觀點一致的醫生。而且，如果可能，最好能相交甚久，保持長期聯繫，這樣我們才會放心地把自己交給醫生。

③自己決定治療方案

接受治療的患者大致可以分爲三種類型：

Ａ型（active）：積極治療。

Ｍ型（middle）：選擇康復率最高的方案。

Ｄ型（defensive）：重視安全性。

例如，闌尾炎發作時一般有兩種選擇——動手術切除闌尾和服藥保守治療。A型患者通常會選擇手術。相反，想儘量規避風險的D型患者通常會選擇服藥，直到實在熬不過去。而M型患者則會在A和D之間游離，想著先服藥看看，但如果手術效果好就去手術，或者服藥效果不好再去手術。

對於A型患者，若是手術一切順利，他們就可以得到最好的治療結果，但若是失敗就會後悔當初不該冒這個險。

M型患者的治療效率往往最高，但也不排除會有人越想越糾結，不知所措的。

D型患者的治療方案雖然是最安全的，但也容易延誤治療，導致病情拖長。

AI的事故與責任

AI也會出錯，當然有些錯誤是明顯的機械故障引起的，不過也會意外地出現在人類看來匪夷所思的錯誤。

假如讓AI來決定癌變組織的切除範圍，AI會根據患者的年齡、性別、用藥、細胞等資料，做出比人類醫生更精準的判斷，但也不排除ＡＩ偶爾會做出讓所有人都跌破眼鏡的錯誤判斷，比如「切除範圍明顯不夠」。

我曾在手術過程中也使用過一個名爲「手術導航（surgical guidance）」的系統。雖不是眞正意義上的ＡＩ輔助手術，但也是由機器根據影像資料來確定和顯示一些資訊用來協助手術，如「此處切開」「這樣植入晶體」、「對準此處晶體以糾正散光」，等等。這種機器操作比人操作的精確度更高，但偶爾也會出現不該有的錯誤。這時，人類，也就是我，會立刻發現錯誤並想辦法處理。

ＡＩ的失誤是大量的資料在生成結果時偶然出現的差錯。而人類的失誤往往是因爲「當時情況複雜」。所以，人類的失誤從某種意義上來說更容易被接受。ＡＩ對事物的認知方式和人類截然不同，ＡＩ會注意到一些人類無法判別的細微之處，因此ＡＩ也確實有可能出現意料之外的失誤。

所以，在涉及生命的事情上，「ＡＩ＋人類」的組合是絕對必要的。這時，不需要醫生有多麼精湛的醫術，因爲人類只需做出「常識性的判斷」即可。當然，將來也有可能連「ＡＩ＋人類」都不再需要，不過這肯定是相當遙遠的事了。

事實上，一旦出現醫療事故，就必定會牽涉責任問題。例如，對於常見的內視鏡檢查（如果操作人員技術很好，採像清楚準確），如果ＡＩ根據影像做出「癌症機率爲百分之5」的診斷，因此沒有實施癌細胞切除手術，那麼沒有切除的部位之後就有可能逐漸癌變且發生轉移，到時候就爲時已晚。

那麼問題來了，這是誰的責任呢？現階段，這類情況都是由醫生來承擔責任。事實上，即使使用了ＡＩ，最終也是由醫生來下診斷的。這樣做，責任就很清晰明瞭，但同時也有一個問題——患者是否放心，能否接受。如果患者覺得醫生不可信，選擇了ＡＩ診斷，但最後的治療結果很糟糕。這時，就算被告知醫生會承擔相應責任，患者也不會表示任何的感激之情。假如患者提起訴訟，誰來承擔責任的問題才多少有些意義。而眞到了時日不多、爲時已晚的地步，患者對訴訟也是有心無力了，再討論誰的責任也沒什麼意義了。由此可見，由使用ＡＩ的醫生來承擔責任的模式並不能換來患者的安心和理解。

那麼，如果責任問題解決了，患者就能放心了嗎？事實上，涉及人的生命和健康時，明確責任也並不能完全解決問題。一般而言，之所以明確責任很重要，是因爲責任明確之後，相關責任人會負責到底。我們很難相信一個只是在簡單ＡＩ做出的並在ＡＩ診斷書上簽個字的醫生會積極主動地確認ＡＩ診斷的正確性。因此，對患者來說，關鍵還是要選擇一個能設身處地爲患者著想的好醫生。

引入ＡＩ後能降低醫療費用嗎？

我們經常聽到有人說引入ＡＩ之後醫療費用就會降下來，原因是「機器自動操作，當然更便宜」。其實這只是那些不了解醫療費用的人自以爲是的想法，這是大錯特錯的。

現如今能自動完成操作的方便機器還有掃地機器人「魯姆巴」（Roomba）[1]。該機器可以在我們設定的時間段自動完成地面清潔。但有了這個機器人，我們的可支配時間眞的增加了嗎？如果你是一個人居住，幾乎沒有打掃的習慣，那時間一分鐘也沒有省出來，因爲你平時就沒有花時間在打掃上。如果你住的房子很大，平時每天花三十分鐘打掃，那麼，有了掃地機器人後，每天就能多出三十分鐘的自由時間了。也就是說，即使實現了自動化，根據情況的不同，獲得的方便度也會因人而異。

此外，還有人說電子病歷能減少人力成本。病歷是用來記錄患者病情的，到目前爲止，醫療紀錄都是寫在紙上（紙本醫療紀錄）。使用紙本病歷時，當病人來到醫院時，院方必須先找出該患者的病歷本，然後在患者去各檢查室、診療室的同時帶到相應的科室，最後送到批價處，批價處再根據病歷本上的記錄計算各種檢查費、診療費。

電子病歷則可以自動完成上述一系列流程。醫院方不需要費功夫找紙本病歷，不需要把病歷送來送去，也不需要最後再交到批價處，這些流程中產生的費用電腦都會自動計算，連批價員都可以不要了。

大家應該都是這麼認爲的。但是，在調查了許多採用電子病歷的醫院後，我們發現絕大多數醫院反而增加了許多額外的人力成本。這又是爲什麼呢？

1　魯姆巴560是iRobot公司新一代的定時智慧型機器人。

電子病歷確實能省去找紙本病歷的麻煩，但因爲不用再將紙本病歷送來送去，我們也因此很難確定患者是否去過診療室。另外，除了病歷本，患者還需要攜帶掛號單等其他紙質材料，這些都是患者去各診室時需要隨身攜帶的東西。

而且，診療結束之後，相應資料本可以自動傳到批價處完成結算，但有醫生簽名和蓋章的紙本處方必須交到批價處。於是，患者就得先在自助繳費機上完成繳費，再將處方交到批價處。這樣一來，原本這種處方交到批價處的同時就可以完成結帳的一站式模式，反而變成了兩個步驟。

另外，還需要有人來指導患者如何操作自助掛號機和自助繳費機。從整體上來說，這確實可以減少對工作人員的需求，但也需要相應增加系統維護人員。導入電子病歷系統之後並非一勞永逸，必須有技術人員來進行系統維護和故障處理。這一職位對專業知識和技術的要求比較高，僱傭成本也會比普通行政人員高得多（醫療行政是所有行政行業中工資最低的）。

更何況，這一行業的技術人員本身就稀缺，即使能僱來，也不是時刻都有工作可做。這些技術人員在入職醫院之後，由於沒有固定和持續的工作，他們的離職率也非常高。

不僅如此，電子病歷系統的維護和電腦升級更換的成本也相當高，所使用的電腦價格也是普通電腦的兩倍多。因爲醫療機構大多是封閉的組織，經營狀況相對較好，這些供應商向醫院收取的費用比一般客戶更高，這已成了行業慣例。尤其對公立醫院，價格更高。此外，還要考慮高昂的電費、電子系統出現故障時的替代方案等。雖然也有部分醫院比僱傭人力時省下了些成本，但經驗表明，絕大部分醫療機構所花成本是更高的。

所以，「引入ＡＩ之後醫療費用會降低」的想法未免太簡單了些。

日本的醫療費用現狀

要想了解ＡＩ對醫療費用的影響，我們首先還得清楚醫療費用的現狀。

二〇一七年的日本國民醫療費（民眾在醫療機構接受保險診療時所花費的費用）爲43・71兆日圓，比二〇一六年增加了百分之2・2。如今，國民醫療費正逐年遞增。

在所有醫療費用（按百分之百計算）中，牙科占百分之6．7，藥局配藥占百分之18．1，就醫占百分71．6。就醫費用中，住院醫療費占百分之37．6，門診醫療費占百分之33．9。且在這些醫療費用中，人工費占百分之46左右（其中，醫生占百分之12．7，護士占百分之23．2，行政人員占百分之3．9，其他占百分之6．5）。換句話說，人力成本占了整體費用的百分之32．9。

現在，日本的國民醫療費每年遞增百分之1到3，這是由「人口老齡化」和「醫療高水準化」兩大因素引起的，而且這兩大因素的發展遠不會就此止步。如果想要控制人力成本，假設降低到現在一半的程度（非常大的幅度，意味著全員工資減半，或人員減半），那麼至少需要五到十年左右的時間。

因此，「ＡＩ能降低醫療費用」的說法也不是全無道理，但我們要認識到其效果是十分有限的。既然人口的老齡化問題無法避免，那就只能在「醫療高水準化」上下了功夫，因爲「醫療高水準化」可以透過國家政策進行調控。準確的說，政府可以推行「醫療高水準化」，但不承擔費用。比如，考慮擴大保險不涵蓋的領域，例如牙科。

專家預測老齡化問題將在二〇四五年左右進入穩定期，也就是說我們只需再堅持二十年。尤其是如果能控制住醫療水準，醫療費就不會再增加了。換句話說，ＡＩ的引入並不是爲了能讓所有人都享受到先進的醫療服務，而是透過ＡＩ，同時在其他政策的輔助之下，（或許）能在一定程度上遏制醫療費的增長。在這一點上，很多人都有誤解。

需要注意的一點是，政府所說的醫療費是指由國家承擔的「國家醫療費用」[1]，並不是我們支付的「個人醫療費用」。假如，從明天開始所有的保險醫療全都取消，那麼國家醫療費用就是零，而我們的個人醫療費用則會呈爆發式增長。

引入ＡＩ之後減少的到底是哪一部分醫療費用呢？又會減少多少呢？要搞清楚這個問題，我們首先得知道現在的醫療費用是怎樣構成的，人工費占了多大比重，藥物

1　日本的醫療保險制度中，納入醫保項目中的項目費用一部分由國家承擔，一部分由個人承擔。

費占多大比重，等等。因爲若是醫生的工作由機器來代替，這一演算法就失效了。

在引入ＡＩ之後，普通的醫療費用將會明顯下降。因爲在ＡＩ的幫助下，一般的普通醫生就能下診斷，而且也不需要那麼多的醫生，這樣一來人力費用自然會減少。但正如前文提到的醫生的人工費只占總體的百分之12．7，就算減半也就只減去百分之6左右。而醫療費用正以每年百分之1到3的速度遞增（不考慮醫保政策改革），所以說就算ＡＩ的引入讓醫療費用減少了百分之6，效果也不會特別明顯。

前文中說過，醫療費用增加的兩大原因是人口老齡化和醫療高水準化。由於人口老齡化，就醫人群會增加。假設肺炎患者增加了一倍，對抗生素的需求也會增加一倍，雖然有了ＡＩ診斷後降低了醫生的人工費，但最終的醫療費用卻是原來的兩倍，因此成本並不會有太大的變動。

另一方面，醫療的高水準化勢必會帶來藥品價格的上漲。隨著醫療水準的提高，以前無法治癒的罕見疾病也有了特效藥。但從供需關係來看，罕見疾病的特殊用藥其價格勢必會十分昂貴。像抗生素這樣的廣用藥，價格自然會下降，但若是全日本僅有的一例病人的治療用藥，其價格肯定是無法跟抗生素一樣低的。不然，誰還會去開發新藥呢？新藥的開發需要成本，藥價就必然會走高。

就現狀看來，如果想透過引入ＡＩ來解決這些問題，大概是不太可能的。ＡＩ的確能在一定程度上降低醫療費用，但在醫療費普遍上漲的現狀下，相比整體的增量，引入ＡＩ能起到的作用也只是微乎其微。

醫療和電話的相似之處

這裡所說的醫療費指的是「國家的醫療費用」。首先我們要清楚「國家的醫療費用」是用在哪的，用了多少，這樣才能知道醫療費用會不會有實質性的減少。就拿現在的醫療費的構成來舉例，從日本厚生勞動省發布的《二〇一六年度國民醫療費用概況》中可以看出，不同年齡段的人均醫療費用情況大體如下：六十五歲以下人群是18．4萬日圓，六十五歲以上是72．7萬日圓，七十五歲以上是91萬日圓。可見，隨著年齡的增長醫療費用也會相應地增加。二〇一九年日本的醫療費用總額約爲42兆日圓，預計十年後的二〇三〇年會增加到50兆日圓左右。

不僅如此，醫療水準的提高也會帶來醫療費用的增加。據日本醫師會綜合政策研究機構的調查資料，目前日本全年齡段的人均醫療費用的增長率爲百分之2・4（非老齡化帶來的增加），其中零到四歲人群的醫療費用增長率爲百分之3，三十到四十歲人群爲百分之1・1～1・2。可見，老齡人群之外的人均醫療費用也在增長（二十到三十歲人群的資料未知）。因此，「老年人多了所以醫療費用增加了」的說法並不準確。

接下來，我們將視角轉換到個體，這個問題就與我們每個人息息相關了。先說結論——如果是享受「與現在同等的醫療服務」，你的醫療費用就會增加；如果是享受「與現在同樣的醫療服務」，你的醫療費用就會減少。這是什麼意思呢？或許可以用電話來舉例以幫助理解。

曾經我們只有固定電話，且使用費相當昂貴。要問現在的電話費有沒有下降，答案是肯定的。以前我們用電話需要跟電信電話公司簽合約，打電話的時候還特別在意電話費。但現在我們有了網路電話，可以免費通話。那麼這就可以說我們的通信費下降了嗎？那也不一定。

日本總務省統計局公布的資料顯示，一九八九年日本人的通信費用大約是每月６１９８日圓，現在是每月１萬３４０４日圓。現在的通信費和三十年前相比，增加了一倍多。但如果只看固定電話的通話費，就只有１７８２日圓，比之前少了許多。這是得益於通訊技術的進步，我們用上了智慧型手機。我所說的享受「與現在同樣的醫療服務」，費用會減少，就相當於現在只用固定電話的人的電話費會減少。我說的享受「與現在同等的醫療服務」，費用就會增加，其實跟使用智慧型手機之後通信費增加是同一個道理。

AI手術的安全性

臨床中，我們可以讓ＡＩ來決定用藥。醫生只需要輸入X光片或檢查結果，ＡＩ就會以此判斷該用什麼藥。比如，檢查結果顯示血壓偏高，ＡＩ會建議服用治療高血壓的藥物。這項工作並不是非人類不可，ＡＩ完全可以替代。

眞正困難的，是做手術。別說做手術，就連注射打針都很難讓ＡＩ或機器人來做，因爲會有太多不確定因素。比如打針的時候，ＡＩ靠推測來找血管，如果患者因爲疼痛挪動了身體，ＡＩ就得重新找進針的位置；如果針刺穿了血管造成皮下出血，則必須快速拔針止血；進針力度也是沒有辦法量化和統一的。我們將來或許可以開發出能夠判斷力度和處理緊急狀況的機器人，但就目前情況來看，有些事還是讓人類來做比較省事。

現在，白內障手術已經可以由類似ＡＩ的機器來自動計算和獲取資料，並進行半自動手術了。人眼中有一個組織叫作水晶體，水晶體混濁導致視力下降就是我們常說的白內障。水晶體被囊袋包裹，而囊袋內部則逐漸變白並產生混濁。手術中，機器會切開囊袋，將白內障擊碎成乳糜狀後，借助抽吸灌注系統吸出。

爲什麼眼科手術能使用機器人，其他科室不行呢？正如前文所說，因爲眼睛是一個透明的組織，方便機器來做手術。我所在的醫院也在使用這種半自動白內障手術機器，它比人工手術更精準、更安全。缺點則是耗時較長，而且還可能會有手術不徹底的情況出現。

「手術不徹底」指的是什麼呢？首先，機器在做手術前必須要獲取患者的一系列資料，這就需要一定時間，而且手術過程中要求患者保持眼球絕對不動，這對有認知障礙的患者來說幾乎是不可能的。另外，機器手術的時間本身也會比人工手術時間更長。因此，對於術前資料不充分或術中可能會動彈的患者來說，還是人工手術更加安全。人可以隨機應變，對手術中的突發狀況迅速做出反應，而機器只會根據輸入的資料來操作。

機器的設置和資料分析都需要時間。例如，手術過程中發現患者的白內障比想像中更嚴重，或者白內障位置與常人有微妙差異。面對這種情況，人工手術就會察覺到這些特殊性，隨機應變地進行調整，但機器在面對這些意外時，只能重新再做資料分析和相應設置。

理論上，機器可以操作至極致。但一旦操作失敗就糟糕了，所以最好給機器設定一個手術的「安全範圍」。比如，白內障手術中需要將渾濁的水晶體擊碎成乳糜狀，人工手術可以碎至０．０１公分以內的小碎片，以便進行治療。但是，使用機器就只能在設定的安全範圍內進行，以免出現差錯，如此一來，就限制可被精細粉碎的區域。因此，肯定會有一些病例會因爲機器手術無法充分粉碎，而需要人爲進行某種程度的追加治療。

數據的量和質都舉足輕重

ＡＩ研究者們提出了這樣一個疑問：ＡＩ能不能做與白內障手術相似的其他手術？例如，內視鏡手術等。其結論是，可以做，但成本太高。

首先，手術的操作方法本身就是「十年如隔世」，十年前的手術方法如今早已被淘汰了。而ＡＩ治療是基於對大數據的深度學習，在資料收集的同時，時代也在發生著變化。可想而知，之前的資料會不斷失效。這樣一來，我們就只有兩種選擇：

①不等資料收集完畢，倉促地將ＡＩ投入治療。

②等待資料收集，希望醫療不再進步，利用ＡＩ進行治療。

還是以白內障手術爲例。以前做手術完全不用機器，全靠人手將渾濁的晶體取出，手術傷口大概在１公分左右。大約從二十年前開始，手術開始普遍採用白內障超音波乳化吸除方式，當時，機器本身也還在不斷完善和更新，手術傷口有接近０・６公分。後來，到了十年前，手術傷口縮小到０・３公分左右。同時，植入人工晶體的技術也發展起來，現在只需要０・２公分左右的傷口就能完成白內障手術了。

因爲需要做白內障手術的患者眾多，資料充分，所以這一領域的技術才能有良好發展。當然，針對其他疾病的機器手術也在快速發展中。於是我們看到，很多疾病可能「只有一百人的臨床資料」，但也在採用機器手術，也要在手術過程中確定好切口的位置。其結果就是，在資料收集的過程中，手術的方法也發生了變化。

不只是技術的進步，一些新出現的問題和狀況也會對ＡＩ手術造成困擾。比如，以前只有症狀特別嚴重的老年人才會接受白內障手術，但現在，隨著手術安全性不斷提高，年輕患者也開始接受白內障手術了。那麼，之前的老年人的病例資料就不適用了。

此外，藥品供應商也是一個重要影響因素。在白內障手術中，一般會使用黏彈劑來保證眼球的穩定。如果因爲供應商方面的問題，導致之前使用的黏彈劑無法再使用了，就需要找其他黏彈劑來替代。醫生若感受到藥品的變化，完全可以隨機應變。但ＡＩ要是遇到沒有輸入系統的新藥資料，就無法開展手術了。

明明有這麼多弊端，我們爲何還要討論將ＡＩ引入手術呢？其中的一個理由就是，手術有太多的不確定因素。

要是遇上庸醫，接受手術可能就是一個送命的行爲。患者在服藥過程中如果有不良反應，姑且可以立即停藥，但遇到庸醫給自己做手術，切錯了部位，患者可能會即刻喪命。那我們到底該信任什麼樣的醫生呢？對此，我無法作答。當然你可以選擇「名醫」、「醫學教授」，但這些群體也是玉石雜揉，要知道名號並不能完全代表實力。作爲患者，你需要做的是用心收集資訊。

然而，能夠收集大量資訊找出眞正的「醫林高手」的超級老人並不多。我時常聽到患者說「去別的醫院太麻煩了」、「這個醫生不靠譜」「住在小地方，沒條件，只能接受這樣的治療」，等等。在這些情況下，建議還是選擇機器手術更加安全。事實上，「機械操作」這幾個字本身也會給人一種安全、準確的感覺。

毫無疑問，ＡＩ手術以及ＡＩ輔助手術會越來越多，這是大勢所趨。這對於我們的老齡化社會來說也是一樁好事。但同時，對名醫的需求也會增加，準確地說，好醫生的價值將進一步提高。

引入ＡＩ的隱蔽性風險——技術退步

白內障手術可以在一定程度上借助ＡＩ，這無疑是一件令人高興的事情。隨著技術的不斷發展，手術的部分環節交由機器操作將成爲人們的認知常識。未來，普通手術不再需要由人來做，只有在ＡＩ無法應對的緊急事態或遇到罕見疾病時再由人來處理即可。

大家平時都開車吧。開的是自動排擋還是手動排擋呢？如今大部分人都是開自動排擋汽車，因爲自動排擋無須換擋，駕駛輕鬆容易。日常生活中開自動排擋車不會有任何問題，但如果你考取的是手動排擋駕照，卻一直開著自動排擋汽車，就難免會遇到尷尬的情形。比如，有人突然對你說「你是手動排擋駕照吧，來，你來開這輛車」，你雖然不至於完全不會開，但由於日常開習慣了自動排擋，你還是會擔心半路熄火，一路膽顫心驚，生怕發生交通事故。

手術也是如此。如果醫生只有在機器手術無法處理的情況下才上手，那醫生的水準也無法一直保持。平時沒有規範性地做過手術，一旦遇到必須規範性地進行人工手術時，醫生就會亂了陣腳。這樣一來，患者就會湧向那些一直勤勤懇懇做著手術，治癒過許多疑難雜症的有經驗的醫生。而另一邊，那些幾乎全靠ＡＩ機器的醫生們就會變得大同小異，無足輕重，患者也不會特別在意他們。

如果你是患者，你會選擇哪一邊呢？既然ＡＩ未必能治好你的眼睛，一旦發生意外，很可能無法處理，附近的醫生也不知道是否值得信任，那麼大家一定會趨之若鶩於「名醫」，這樣一來，「名醫」的壓力勢必會很大。

長此以往，越是有實力的醫生就越能得到歷練，而越是沒什麼實力的醫生就越得不到成長的機會。名醫會越來越稀缺。

事實上，現在已經出現這樣的苗頭了。以前，幾乎沒有患者會去考慮讓誰來爲自己做手術，不會去選擇醫生，遇到誰就是誰。因此，研修中的醫生也能得到鍛鍊，積累經驗。而現在，上級醫生就在旁邊，稍微有難度大一點的病況就會由上級醫生來做，而且，有些患者還會要求不要研修生來給自己做手術。

爲什麼以前就沒有這種情況呢？原因有兩個。首先，那時社會倫理環境相對寬鬆。其二，以前的醫療技術水準沒那麼發達，手術成功率本來就低。假設上級醫生的手術成功率是百分之40，下級醫生的成功率是百分之39，換成失敗率來看，分別是百分之60和61，其實並沒有太大的差別。再假設上級醫生的手術成功率是百分之99，下級醫生是百分之98，反過來失敗率就是百分之1和2，相差一倍。這就很容易讓我們產生「差別很大」的主觀印象了。如今隨著醫療水準的提高，這種現象已開始出現，年輕醫生能上手術臺做手術的機會越來越少了。

之前，普通醫生也會接到許多患者的掛號，所以患者基本上是分散開來的，名醫的負擔也沒有那麼大。而現在，名醫的資訊到處都是，患者也開始有了強烈的自我主張，希望在經驗豐富的老醫生而不是經驗少的新手醫生那兒看病。曾經分散的患者就變得集中起來，研修生醫生就更難有上手術臺操作的機會了。

不僅如此，隨著醫療機構引入ＡＩ，疾病的診斷、治療模式也在不斷細化，新手醫生幾乎沒有什麼機會接受培訓。雖說可以順應潮流，使用ＡＩ進行教學，這樣一來年輕人的技能也能達到一定程度。但說實話，經歷過多少次緊張時刻、有過多少實戰經驗也是衡量醫生的實力表現之一。

其實，頂尖醫生和普通醫生在對疾病的「標準治療」上沒有太大差別，但是在面對極其罕見的特殊病例和緊急情況時，差距就明顯了。而那些針對罕見病症的治療方法，並不能從ＡＩ、教科書或是上級醫生那兒學到，必須是自己在醫院身體力行之後才能總結出來的經驗。正因如此，醫生之間的差距才會越來越大。

將ＡＩ引入醫療領域的風險就在於此。ＡＩ會讓醫生的治療水準在一定程度上被平均化，其導致的結果是醫生的技能會下降。在ＡＩ的協助下，普通醫生會有所增加，同時，能在生死一線間的時刻搶救患者和操作風險極高手術的「頂尖醫生」也就百裡挑一了。

「名醫」與「普通醫生」的差距

上文中我們談到，在ＡＩ時代，醫生之間的差距會變大。這裡所指的差距並非「表面上的實力」和「收入」方面的差距。進入ＡＩ時代後，頂尖醫生憑藉「ＡＩ＋實力」，醫術會更高超，其做的治療效果也會更好。他們會把一些必要的病理檢查和向患者說明病情的工作交給ＡＩ，自己只需集中精力做自己關注的事。這樣一來，工作效率就提高了，也能爲更多的患者提供診療。同時，因爲有了ＡＩ提供的輔助診斷，在對疾病的判斷上會更省時省力，醫生可以潛心研究手術中的疑難點和注意事項，手術時間也能得到充分保障，醫生的實力自然能得到進一步的提升。

如果頂尖醫生能夠接診足夠多的患者，疑難雜症就都會集中到他們那裡。相反，普通醫生那裡就只是借助ＡＩ診斷，接診一些一般疾病的患者了。

之前，這些「普通醫生」也能接觸到大大小小的病症，而引入ＡＩ後就只能接診普通疾病患者了。那麼，這些醫生原本還想努力學習提高醫療水準，但面對這一情況就覺得沒有必要了。這樣一來，工作倒是輕鬆了，同時，醫術也如逆水行舟，不進則退了。

慢慢地，可能就會出現「離開了ＡＩ就不會看病」的醫生。其實，每當啓用了新的診療器械就會產生這樣的問題，現在就有醫生說自己「沒有ＭＲＩ就下不了診斷」。

眼科有專門檢測遠視、近視和散光的自動驗光儀。以前是非自動的，近視度數等都需要人工測定，操作不熟練的醫生會測不準，還很費時。後來有了自動驗光儀，任何人都能輕鬆操作，而且時間短，患者也輕鬆。現在的年輕醫生絕大多數都是從入行時就使用自動驗光儀。

但是，若患者是嬰兒或愛動的孩子，我們就無法使用儀器了。但現在能做手動檢查的醫生，就只剩極少數訓練有素的醫生或兒科的專科醫生了。所以，患有斜視或弱視等情況複雜的孩子就不得不去看專科門診，而在那裡又需要等待相當長的時間。

醫生的兩極分化

由於ＡＩ的引入，普通醫生的工作會變得輕鬆許多（實力也會下降）。很多人會說，工作輕鬆不是好事嗎？其實並不是，而且這一變化勢必會遭到醫生們的強烈反對。為什麼呢？首先是收入的問題。引入ＡＩ可以控制醫療費用，同時也會降低普通醫生的工資。因為他們將來的工作很可能只是「檢查確認」和「承擔責任」。這也是現在的醫生反對引入ＡＩ的原因之一。

於是，有人指出醫生反對引入ＡＩ的原因就是為了錢。殊不知，還有比這更加讓醫生抗拒的事情，那就是尊嚴，這比金錢更重要。將來有些醫生的工作就是聽從機器的指令下診斷、做診療，這勢必是大趨勢。那麼，那些一直努力的醫生就會不願承認自己只是聽機器擺布的「普通醫生」，會產生「機器靠不住」的抗拒感。

錢的問題，倒還有妥協的餘地。人不能不勞而獲，沒有人做著輕鬆的工作還指望著高薪。而且這些普通醫生或許今後還會有其他工作，工資也不會減少。所以，說到底還是尊嚴的問題。誰也不願被視作可有可無的人。ＡＩ的研究人員在這個問題上顯然還欠考慮，一味強調ＡＩ的作用，「ＡＩ的診斷能力很高了，不需要醫生了」（雖然沒有直接這麼說）的論調的確令人反感。如果過於強調ＡＩ的作用，結果會怎樣呢？

那就是，ＡＩ引起的醫療事故會被醫生放大。使用ＡＩ自然也會出錯，但這些差錯在媒體中出現得越多（即使實際失誤比人爲操作少），人們對ＡＩ的印象就會越差，反過來這也會阻礙ＡＩ的發展。所以我認爲比起錢的問題，還是應該更多地關注「醫生的尊嚴」問題，可以多強調「ＡＩ只是醫生診斷的輔助工具」。

其實，對於沒什麼實力的醫生來說，有ＡＩ是件好事。這些醫生之前都是糊弄著看病，現在有了ＡＩ幫忙，會安心不少，或許還能和大多數的「普通醫生」做得一樣好，薪水也能漲。這些醫生或許也隱約意識到了這一點，只是他們自己不願承認罷了。

所以，頂尖醫生和庸醫都會對ＡＩ的引入表示歡迎，中間的普通醫生則會抗拒。

實力較好的醫生，其醫術會越發變強，實力較差的醫生，其醫術也會有所長進，而實力中等的醫生，其醫術則會退步，這就會導致醫生醫術出現兩極分化的現象。

其實，醫生人數最多的是處於中等水準的醫生，因此，醫師協會可能會採取偏向於中等水準醫生的態度。但實際上，對於實力較好和實力較差的醫生來說，引入ＡＩ是有利的事情，對於患者來說也是好事，只不過確實存在某些方面的缺點。比如：名醫數量有限；優質醫療資源被爭搶　；醫生的特殊技能消失，某些疾病的醫治受限，等等。

醫生們或許也會就此提出強烈反對。所以，借此機會，我想向ＡＩ開發的技術人員提出請求，希望你們能針對這些意見提前做好準備並思考應對方案。很多人不在意細節，其實正是這些細節的地方才容易出現紕漏，我想大家都不希望看到日本的ＡＩ化落後於世界的結局吧。

如何利用「AI時代的醫療」？

最後我想談談引起大家重視的倫理問題。注意，不是單純地談「AI能不能理解倫理問題」。大家都知道，現代醫療非常看重如何延長患者的生命，但也會有一些複雜的情況難以處理。

例如，在失明和失業、治療和放棄中間，應該如何做選擇？治療是肯定需要的，但治療期間就不得不請假，最後可能會失業。相反，若是爲了工作不治療，放任不管最後又可能會失明。還有，九十八歲的高齡患者該不該做大傷元氣的手術等，這些都是醫療倫理上的難題。

以往面對這些問題，醫生會做出恰當的決定。因爲醫生是知識分子，有知識有文化，素質高，他們甚至能帶動一個地區發展，所以我們一般都會認爲「聽醫生的準沒錯」。

即使到了今天，當涉及醫療倫理和AI的關係問題時，我們還是會認爲「醫生的判斷最有道理」。然而，現實情況並非如此。因爲與過去相比，今天的醫生更多是把醫生這個職業當作「技術工作」來做。很多醫生不注意提高自己的醫德醫風，只重視自己的專業。如果他們一味堅持只看數據，固執己見，就會變得跟機器沒什麼兩樣了。從這個意義上來說，今天的醫生相比於機器，在倫理問題上並不一定更通情達理。

那麼，在不斷發展的ＡＩ社會中，老人們要如何才能享受到基於ＡＩ的醫療資源呢？

首先，ＡＩ主要是在「診斷」中發揮作用，在「預防」方面只能當作參考。當按照ＡＩ的診斷進行治療但沒有見效時，請不要堅持認爲「ＡＩ肯定沒問題」，必要時要重新診斷。因爲ＡＩ對罕見疾病束手無策，所以如果ＡＩ沒發揮作用，我們就要提高警覺了，要進一步確認是不是罹患了罕見疾病。這時就非常需要名醫來進行二次診斷。

其次，治療過程中的用藥建議可以求助ＡＩ，但做手術還是儘量選擇名醫或能熟練操控ＡＩ的醫生比較穩妥，因爲ＡＩ頂多只能輔助手術。很多人在聽到「ＡＩ手術」、「手術機器人」時會感到安心，這其實是個錯覺。

那麼，我們究竟該選擇怎樣的醫生呢？ＡＩ引入之後，庸醫的數量會減少，所以你身邊醫生的診斷大致上都是可信的，只不過不要盲目信任ＡＩ就行。治療效果不理想時，請及時找其他醫生再做診斷。ＡＩ時代，那些名醫的名氣會比現在更高，他們的門診將一號難求，大家要有這樣的心理準備。

第3章：

ＡＩ能消除老年人的「孤獨死」嗎？

不「孤獨死」的三個條件

誰都會害怕晚年孤獨，擔心「孤獨死」。然而在ＡＩ高度發展的社會中，晚年孤獨和孤獨死現象都將不復存在。這到底是怎麼一回事呢？

當今社會，要想不「孤獨死」，可以選擇與家人同住，搞好與親戚鄰里的關係，或者住養老院，等等。與家人同住，首先必須有家人，單身的人是無法實現的；要想與親戚、鄰里搞好關係，就得時常與他人保持親近和往來，也會使人疲憊；若是選擇住養老院，花銷也是個問題。

確信有家人會爲自己養老送終的人是不會擔心孤獨死的。還有一些人，每天都與鄰居有聯繫，一旦有什麼事，大家都會趕來幫忙，這些人也盡可放心。但即使是這樣的人，偶爾也會有與家人鬧矛盾的時候，也會有碰巧家人出去旅行，留下自己獨自在家出意外的可能。在這種情況下，要是與鄰居關係也不好，就無力回天了。

我們爲什麼會害怕「孤獨死」呢？雖然這可能因人而異，但歸根究柢還是覺得自己本可以避免早逝。也就是說，如果有家人在身邊，就能及時發現自己心臟驟停，還可以救自己一命。哪怕是最後搶救無效過世了，也不至於淪落至孤獨死。如果眞的是死後兩週都沒人發現，那的確是太悲慘了。

不過，隨著新技術的問世，即便沒有家人，鄰里關係不好，也不會再有「孤獨死」了，確切地說是不可能孤獨死了。因爲現在有了可穿戴設備、ＩＯＴ（物聯網）、ＡＩ等新技術。

可穿戴設備指可以穿戴在人身體上的各類智慧型設備，其中內嵌有各類高精度且靈敏的感測器。比如智慧手錶，用戶一旦出現心臟驟停等狀況，手錶會立刻有感應，並緊急呼叫救護車。這種手錶目前已實現市場化。第四代蘋果手錶具備的跌倒檢測功能，已實際挽救過生命。

除此之外，今後還會出現各種各樣的可穿戴設備。比如，能感應用戶的眩暈，判斷是否處於無意識狀態（可以檢測用戶是否在不該閉眼時閉眼）的眼鏡。株式會社

ＪＩＮＳ的智慧眼鏡「ＭＥＭＥ」就具有感應和分析用戶的精神集中度和疲勞程度的功能，尤其是在開車的場景下，如果發現使用者出現疲勞狀態，智慧眼鏡會及時提醒以防止出現意外。

ＩＯＴ（物聯網）會將所有設備與網路相連。比如，將眼鏡和手錶連接網路，可以在危急時刻幫助呼叫救護車。此外，如果室內空調能探測到人體溫度（能根據體溫自動調節溫度的空調已投入市場），就能自動感知你是否發燒，是否身體不適。還有可以獲取用戶聲音的音箱，如谷歌的Home、亞馬遜的Echo等智慧音箱。如果智慧音箱精確到可以感應和分析呼吸聲和心跳，就可以識別「人在卻沒有了呼吸和心跳」的緊急情況。

當然，智慧音箱除了能感應心臟驟停、四肢僵硬、體溫下降等狀況外，還能監測到心臟驟停的前兆並採取急救措施。比如，當用戶由於腦梗塞口齒不清時，音箱透過感應、捕獲使用者語言行爲的變化推測其疑似腦梗塞，從而及時呼叫救護車。類似這些能感應和分析用戶的健康狀況波動的技術並不難實現。這就是「孤獨死」將不復存在的原因。

選擇延命治療還是「尊嚴死」？

孤獨死消除後又會出現另外一個意想不到的問題——那就是「選擇接受多少治療」。緊急情況下的搶救通常都是半強制性的，也有人表示並不願意接受透過插管、輸注營養液來延緩生命的延命治療。但是，如果不是事先約定，醫院大概都會進行最大限度的搶救。

我們都知道，安裝人工呼吸器、輸營養液，插胃管等措施都可以延緩死亡。如果患者拒絕接受這些搶救措施，也就是不希望進行延命治療，就必須事前跟醫院表明態度。因爲戴上呼吸器之後，患者本人根本無法再表達意見，家屬也很難替患者做出希望摘掉呼吸器的決定。

摘掉呼吸器這種做法，從制度上看並不是做不到，但接受這種貌似讓人以積極的態度面對死亡的做法，在心理上的確是一個巨大的難關。知名的富山縣射水市民醫院事件和北海道羽幌醫院事件，就是因爲醫生取掉了患者的呼吸器，醫生就被認定涉嫌殺人並被移送至檢察機關。因此，對醫生來說，一旦給患者戴上了呼吸器，之後要再把它取下來，將會面臨極大的風險。

正因如此，患者本人明確表示不希望接受延命治療就非常必要了。這種做法被稱爲「尊嚴死」。說到不做延命治療的「尊嚴死」，很多人覺得「那不就是放棄治療，醫院什麼都不做了嘛」。其實不然，只要表明自己的治療意願，比如只接受輸液，或只接受心肺復甦等等，醫院都會遵照患者意願進行治療。具體來說，就是有選擇地進行供氧、輸液、氣管插管、上呼吸器、電擊休克或心肺復甦等。

可以接受供氧和輸液，但不希望有更多搶救措施的人很多。因此，如果不事先申明自己可以接受的治療程度，通常醫院就會施予最大限度的搶救措施。

這裡需要強調的是，「尊嚴死」並非消極治療或等死，而是不接受破壞性治療而已。另外，與「尊嚴死」相提並論的還有「安樂死」。但「安樂死」是使用藥物結束生命的做法，和「尊嚴死」完全不是一個概念，希望大家不要混爲一談。之前日本某電視節目中在報導某一病例時就混淆了「安樂死」和「尊嚴死」的概念。

AI將終結「孤獨」

在未來的AI時代，人們集中在都市工作的模式將被打破（這當然也有來自全球新冠疫情的影響）。人們必須待在城市裡的理由變少了，住在地方物價和房租都會更便宜。

人們不再需要太多的直接接觸，就連便利商店也因爲有了自助收銀機而不再需要店員，平時的人際交往也會減少到最低限度。但是，朋友之間的聯繫會比以前更深。只有極少數人會像往常一樣，或比之前更頻繁地奔波於世界各地。那麼，大家會感到寂寞嗎？不會，甚至內心的孤獨感比現在更少。

「AI將終結孤獨」是什麼意思呢？此前，人們只有面對面，也就是只有湊到一塊兒才能進行交流，才能感知對方。而新技術正在改變這一點。比如，現在有了LINE[1]，我們可以進行不間斷的通話和交流。就算有事要忙或是要去廁所，也可以在之後繼續中斷的聊天。有了這種不占用彼此時間的聊天工具，與他人的交流和溝通也就變得更加隨意和輕鬆了。

當今社會，只有具備良好的溝通能力的人，才能擁有更多的朋友。那些不善於察言觀色，不善於站在對方的立場上進行交流和溝通的人，就成了「獨行俠」。有些人會莫名其妙、沒來由地不高興。這種情況下，如果ＡＩ能在一定程度上感應到對方的心理狀態，提醒我們此時對方「情緒不佳」，我們說話做事就可以適當注意，人際交往就會更加順暢。那些「社恐」的人也會更自信一點了。

使用ＡＩ技術後，與ＡＩ的對話就像是平常與人交流一樣。只不過，與ＡＩ進行日常對話，可能反而更會讓人感到孤單寂寞。但是，如果我們有目的地使用ＡＩ，那就不一樣了。比如，利用ＡＩ應用程式進行英語的對話練習，就不會有這種感覺。

另外，不擅於處理人際關係的人還可以養電子寵物。索尼曾經推出過一款名叫「ＡＩＢＯ」的機器寵物狗。當然，有些人對機器寵物不屑一顧，但也有人把ＡＩＢＯ視為珍寶，為其傾注了極大的感情，甚至為ＡＩＢＯ舉辦葬禮。前面提到的Home和Echo智慧音箱中的人機對話也非常有趣。如果你有iPhone，可以試著跟它的語音助手「Siri」聊一聊，你會發現它意外地擅長聊天，是另外的一種樂趣。

不論是人還是寵物，人們崇尚的都是「眼見爲實」。不過現在，我們可以利用ＶＲ技術，讓不在眼前的事物彷彿就在眼前一樣看得見、聽得到。未來，ＶＲ還能讓我們體驗到觸感並感受到對方的體溫，甚至還能聞到氣味。到那一天，當現實的人站在面前，我們可能都很難區分他是眞實的還是虛擬的了。

將現實世界中眞實存在的人或寵物以虛擬的手段再現，是利用ＡＩ消除孤獨感的方法之一。有人可能會嗤之以鼻，認爲「不過是些假東西，又不是眞實存在的，有什麼好的」。

然而，隨著ＡＩ技術的發展，我們會有更多機會去飼養眞實的寵物。一些老人或體弱多病的人，因爲自己身體的原因，考慮到自己隨時可能住院，因而一直不敢養寵物。但是，當網路應用到所有領域，就能實現寵物的「遠端餵養」。即使住院了，我

1　LINE是韓國網路集團NHN的日本子公司NHN Japan推出的一款即時通訊軟體，類似於中國的微信、QQ。二〇一一年六月正式推向市場，全球註冊用戶超過四億，在日本和臺灣有較大的市場。

們也可以把寵物寄養在寵物店，並進行遠端投食，還可以撫摸互動。這樣一來，那些因年事已高又體弱多病而沒法養寵物的人的顧慮就可以消除了。

依然選擇孑然一身

我前面提到，在AI時代，我們不必與太多的人直接打交道，但是人與人之間的聯繫會增多。這聽起來似乎很矛盾。需要說明的是，增多的其實是非面對面的「非直接」聯繫。

假如，你的興趣愛好是收集牛奶瓶蓋，你可能會發現在同一城市很難找到一個與你有相同愛好的人。但透過網路，你很容易就能找到。而且，我們現在不僅可以與志同道合的人互通郵件，還可以像在現實中交談一樣進行網路聊天。遠端通訊工具中，目前廣爲人知的有「Zoom」和「LINE」等。

「孤獨」不同於「孤獨死」，是可以選擇的。你可以選擇獨處，享受孤獨。孤獨，絕不是一件壞事。令人意外的是，老年人中居然有很多人很享受孤獨。與他人爲伴固然好，但爲了追求人生的滿足感而依賴於他人是有一定風險的。

另外，新技術雖然帶來了更多的人與人之間的聯繫，但聯繫的形式並不會發生改變。因此，出現了發出訊息，但不見回覆的尷尬，類似LINE上出現的「已讀不回」一樣。當孤獨消除，不自由也隨之而來。這也是一個難題。

人類不再有死亡

人老了以後難免面臨生離死別，老伴兒、家人、朋友都會離我們而去……但有了ＡＩ，即便另一半離世，我們也可以像他（她）還在世時一樣與他（她）聊天。

也就是說，如果在ＡＩ設備中輸入了配偶的說話模式，即使對它說了你和配偶從未有過的對話，它也會按配偶的說話習慣來回應，而且，聲音也能轉換成配偶的聲音。當然，你可能會覺得「不過是台機器……」而倍感孤寂，但對於彼此深愛著的人來說，即使是台機器，能與去世的愛人聊天，也會讓人心中充滿希望。

我曾養過一條叫「普普」的貴賓狗。它偶爾會和我打鬧，但非常可愛，而且能聽懂我說的話。兩年前，十三歲的普普死了，我到現在還在想，「要是能再見到普普就好了」。那麼，如果ＡＩ能再現普普的叫聲和動作，彷彿普普就在眼前，會怎樣呢？當然，若是眞的普普是最好的，但是既然普普已經不在了，那麼有個ＡＩ的普普也挺好，至少它能對我的話有回應。

同樣，我們也可以留下大量的影片和語音，以記錄自己的思考方式和回應方式。這樣，ＡＩ在學習了我們的對話習慣後就能隨意聊天了。當然，肯定會有人說「才不需要那種東西！」，但我會想要留下些什麼。一想到自己在死後仍能與這個世界有關係，眞是又高興又害怕。

迄今爲止，人死之後能留下的，除了遺物，就只有給家族後代的「遺傳基因」和給弟子們的「思想」了。現在又有了新的存在方式，不是家人或弟子去緬懷故人，而是死者本人以另一種形式繼續活在這個世上。

換句話說，「死亡」的概念會發生變化。人的肉體當然會消亡，但機器會將故人的思想和說話方式記錄下來，再現故人的「原貌」。

試想一下，當你老了，家人和朋友都相繼不在了，會怎樣呢？我想大家都會需要一個能和自己對話的ＡＩ。當然，與ＡＩ聊天，難免會有一些空虛感。但我相信，人類與ＡＩ的交流會越來越自然，越來越融洽，直到像眞實的人際關係一樣。

比如前文中提到的亞馬遜和谷歌的智慧音箱，它們可以根據接收到的指令，做出各種相應的回應。比如，如果你告訴智慧音箱說「我想買書」，它能幫你下訂單；如果你向它詢問天氣，它能回覆你次日的天氣情況；你可以向它提出各種疑問，它都能爲你解答疑惑。這樣的人機對話並不是爲了排遣寂寞，因爲與ＡＩ的這種日常生活中極爲自然的搭話，就好像家裡有位管家，跟管家說話怎麼會感到彆扭呢？也就是說，今後人類與ＡＩ的交流，並非是有意識的，而是下意識地隨意聊天，這樣一來就不會有任何的孤寂感。

預防醫療不參保的原因

前文中探討了孤獨和孤獨死的問題，圍繞「死亡的概念將發生變化」這一話題作了闡述。接下來，我想基於醫療行業的現狀，談談ＡＩ時代下有關死亡的問題。

由於ＡＩ的出現，疾病的診斷準確率和治療康復率將不斷提高，人類的壽命會繼續延長。但僅僅延長壽命是不夠的，最好還能找到讓人不生病的辦法。對於疾病早期發現固然重要，更重要的是「不發病」，也就是預防。但是，醫療界目前並沒有很認真地對待這個問題。理由有三：

①預防疾病對於醫生而言沒有成就感。
②這份工作是否屬於醫生的職責並不明確，也有許多可疑人士。
③預防疾病需要大量的數據支持。

雖然給患者看病是醫生的本職工作，但是在日本，指導患者如何預防疾病在多數情況下是沒有任何報酬的。在美國，只有有錢人才能享受到滿意的醫療服務，而日本實行的是「全民醫療保險制度」，人人都能低價就醫，人人都看得起病。只不過，這種醫療保險只能保證在生病後能以較低的價格接受治療，並不適用於疾病的預防與保健。

比如，因爲肚子疼去看醫生，被確診爲誤食導致的食物中毒，這種情況下的醫療費是適用於醫療保險的。但如果只是想向醫生諮詢防止腹痛的飲食和保健方法，醫療保險就不適用了。這種情況下，醫生就會對患者表現得沒有耐心，只想儘快開藥讓患者趕緊走人。

醫生對患者缺乏耐心，甚至還會妨礙藥物發揮其有效性。比如，滴眼藥水之後，如果患者不停地眨眼、轉動眼球只會讓大半的眼藥水流出眼睛，使效果減半。正確的做法是在滴眼藥水後閉上眼睛，按壓眼角靜待一分鐘左右。

你在滴眼藥水之後會閉上眼睛按壓眼角一分鐘嗎？我的團隊對此進行過調查，結果發現百分之95的人沒有遵照正確的方法。因爲指導患者正確滴眼藥水不包含在醫療保險內，所以很多醫生都不會告訴患者，才會出現這樣的情況。不過，老年人中也有一小部分的超級老人會詢問藥劑師和護理師，了解藥品的正確使用方法並按規範治療，但這對絕大多數的普通老人來說是比較難辦到的。

在日本，一些牙病的預防是包含在醫療保險範疇內的，比如指導患者正確刷牙和去除牙結石等，所以醫生往往會主動向患者提出建議並耐心指導。總而言之，在實行全民醫療保險制的日本，還存在著各種制度方面的問題。

醫生的「工作動力」問題

除了制度方面的問題，醫生的工作動力問題也很關鍵。

提到醫生，你有什麼印象呢？電視裡出現最多的醫生形象是給病人開點藥、做做檢查的醫生。《救命病棟24時》、《緊急救命》、《派遣女醫X》、《DOCTORS～最強的名醫～》、《怪醫黑傑克》等日本電視劇或電影中的主人公大多是外科醫生，而與眼科、皮膚科相關的電視劇或電影幾乎一部也沒有。看來，在大家眼中，能救人一命的果然還是外科醫生啊！

有許多人自稱，正是因爲看了這些醫護類電視劇或小說之後才立志成爲一名醫生的，他們肯定是帶著救死扶傷的志願成爲醫生的。雖然指導患者正確用藥等「預防」醫療也能救人一命，但我們無法否認它「不起眼」的一面。很顯然，將患者從死亡的深淵拯救出來的意義更大。

其實，眼科醫生也一樣。當看到做完白內障手術的病人「重見光明」時，他們會特別有成就感。但青光眼手術只是爲了消除失明的隱患，手術之後患者的眼睛還是看不清，別說患者，就連醫生自己也感覺不到特別的變化。正因如此，許多眼科醫生更願意做白內障和視網膜剝離手術（又名玻璃體切除術），覺得這更有價值。

醫生的工作動力和滿足感是在治病救人的過程中獲得的，這在預防醫學工作中很難感受得到。預防醫學的成功主要表現就是，患者沒有生病，什麼都沒有發生。既然什麼都沒有發生，成就感自然難以體現了。而且，致力於疾病預防，甚至還會被指責說「醫院爲了賺錢，把沒病的人都喊來看病」，可見預防醫學眞是吃力不討好。

隨人類壽命延長而來的諸多問題

前文提到ＡＩ提高了疾病的診斷準確率和治療康復率，延長了人的壽命。事實上，ＡＩ也在逐步應用於診斷和治療之外的其他領域。

ＡＩ具有感應人類生命表徵的功能。例如，智慧型手機的應用程式會顯示「今日步數」；智慧手錶能監測人的心率，蘋果的智慧手錶還能在用戶心臟病發作時提供緊急呼救。

未來，爲了保證人的生命安全，生物識別資料將越來越多地被ＡＩ監控。這對保持身體健康非常有效。在我們患病之前，也就是在「亞健康」階段，ＡＩ就會提醒我們接受預防治療，幫助我們過上無病痛的生活。這與我們平日裡每天量血壓、定期稱體重是同樣的道理。

但ＡＩ的監控要比這專業和細緻得多。比如，它會提醒你「長期食用辛辣食物，患食道癌的機率高達百分之80」，於是，你可能會嘗試改變自己的飲食習慣。這與人爲提醒你有著很大的不同，如果有人告訴你說「吃太多辣的東西容易得食道癌哦」，你可能會不以爲然，而且也不會去改變飲食習慣。

不過，這類的健康資訊也存在一定的問題，因爲其中包含非常私密的個人資料。比如，透過分析你的心率，ＡＩ可以發現你正在說謊；當家人跟你說話的時候，ＡＩ可以立刻分辨出你是在認眞聽，還是心不在焉；亞馬遜推出的帶感應器的新款吸塵器能夠在你看它時監測你的心率，從而判斷你是否有購買欲望；當醫生勸你多運動時，你不做運動的消極怠惰也會暴露給ＡＩ。

也就是說，健康資訊中也包含著心理資訊，這意味著個人很隱私的資訊隨時都可能洩露給他人。

「假醫生」的真面目

前面我們講到，預防疾病對醫生來說沒有成就感，也帶不來高收入，這的確是事實。於是，一些雜七雜八的黑心人瞄準這一點，混了進來，才有了靠不住的假醫生橫行於世。你可能看到過這樣的保健食品的廣告：「要想更健康，只吃×××！」除食品廣告外，還有「透過腳下通電，全身活力滿滿！」、「用了這台按摩器，身體不適全消失！」等五花八門的廣告。我們不能說所有這種商品都不可信，畢竟其中確實有能發揮預防作用的，但也有會發揮負面作用的商品。

有一段時間，「血液淨化」療法甚囂塵上，它的噱頭是「抽取血液、淨化血液、輸回體內」。尤其對那些身體沒有什麼疾病的人，「血液淨化」療法據說有著很好的預防和保健功能。

其實，「血液淨化」療法的原理就是抽取不含氧的靜脈血，在其中輸入氧氣再輸回體內。表面上看，血液由污濁變得鮮紅了，似乎感覺到了效果，極少數的相關文章裡也提到這可能會發揮一定的保健作用。但從另一方面來說，血液抽出後再輸回人體是有風險的，稍不注意，就有可能引發感染，得不償失，由此也引起了多方的關注。那些不以治療爲本，一味採用「血液淨化」療法的醫生通常被認爲是不負責任的假醫生。

我也去一些保健診所，實話實說，對於那些大部分看診費用都不能使用醫保的診所，我多少是持懷疑態度的。換句話說，預防醫學的研究非常有意義，但眞的要把它當成一份事業做下去是相當困難的，因爲這一領域的研究很難獲取充分的實證材料。這樣一來，就很容易以少數的不能說明任何問題的數據爲基礎，草草地得出「有效果了」的結論。

為什麼AI技術公司會涉足「預防醫學」？

如我們所見，預防醫學領域的ＡＩ化發展並不是很順利，原因是沒有大量具有參考價值的數據做支撐。例如，當被問及「怎樣才能預防白內障？」時，我們可以給出「減少紫外線照射」的建議。因爲我們有充分的數據顯示，住在紫外線強的赤道附近的人與住在紫外線弱的非赤道附近的人，白內障的發病率差別巨大，住在赤道附近的人，白內障發病率更高。

因此，觀察「患病的人」與「未患病的人」的生活環境的不同，是預防醫學的必要手段。若想了解白內障的發病是否與飲酒有關，就需要搜集白內障患者的飲酒量與非白內障患者的飲酒量的相關數據。諸如此類，如果不把生活中一切與疾病預防有關的東西弄清楚並進行數據化處理，就很難有效地進行疾病預防。

而且，就算透過數據分析掌握了疾病預防的方法，也還是會存在一些問題。當嗜酒的人被勸「別再喝了」的時候，他們當中有幾個人能聽得進去呢？即使告訴他們「飲酒會導致白內障發病率提高百分之10，你不要再喝了」，他們也還是會照喝不誤的吧。

預防醫學是一個需要大量數據支援且難以實現ＡＩ化的領域。可爲什麼這個領域還是會有那麼多的ＡＩ技術公司想要涉足呢？

首先，因爲風險低。假如是治療數據出現錯誤，結果會怎樣？ＡＩ在輸入癌症診療數據時，用錯了抗癌藥的劑量，患者會立刻死去。這不論是從社會倫理層面，還是法律層面來看，都是極其嚴重的問題，追責在所難免。在醫療領域，只要出現一點閃失，企業就會面臨倒閉的風險，醫生也會被剝奪從業資格或受到起訴。

反過來，若是在預防醫學領域弄錯了數據也不會出太大的問題。幾年前宣稱「這樣做有利於身體健康」，後來又被證實「完全胡說八道」的事例數不勝數。

比如，曾經有一段時間，人們說「爲了防止膽固醇升高，應該儘量避免攝入膽固醇」，所以「一天只能吃一個雞蛋」。現在又說「即使不攝入膽固醇，體內也會合成膽固醇，全面的營養攝入和運動才是最重要的」，此時，「一天只能吃一個雞蛋」的說法也慢慢就沒有人提了。即便輿論發生了這麼大的轉變，人們的健康也沒出現什麼大問題。像這樣，就算預防的說法變了，甚至錯了，人們也只會隨便說一句「這樣啊，那我以後多注意吧」，然後就一笑了之。所以，預防醫學的風險是非常低的。

其次，因爲能獲取龐大的數據。假設，谷歌掌握了「愛吃鮪魚罐頭的人不容易患心肌梗塞」的資料，雖然這只是針對部分人群。於是，在發布這一資訊之前，谷歌先控制了鮪魚罐頭的供應鏈，隨後再告訴這部分人說「吃鮪魚罐頭對你的身體有好處」，於是，大批鮪魚罐頭就會被搶購一空。

在不濫用的前提下，大數據的確能爲人們提供飲食、運動、起居等方面的建議。

假如，有數據顯示使用谷歌產品的人比不使用谷歌產品的人平均壽命長五年，那麼，那些起初不使用谷歌產品的人也會爭先恐後用起谷歌產品來。此外，之前的那種「均衡飲食」之類的概括之詞將會變成更具體的「應該吃什麼」的建議。運動方面的建議也不再是含糊的「適度鍛鍊」，而是具體到「建議你每週三次，每次三十分鐘，加強鍛鍊！相對慢跑，更推薦快走」，或是「你最好再增加一些鍛鍊強度」的建議。

谷歌還可以告訴我們適合的居住地。例如「你有哮喘病，最好搬到山形縣去住」、「你現在的居住環境容易得阿茲海默症」等等。這樣一來，谷歌可以輕而易舉地進軍房地產業，任何一家房產企業都不得不按照谷歌的建議來選地和蓋房。預防醫學領域的大量資料就這樣掌控了人們的生命和生活。

最後，因爲簡單便捷。目前，影像資料處理領域的ＡＩ技術正在不斷發展，比如用ＣＴ和ＭＲＩ來診斷病情。只不過醫學影像領域更需要大量的數據，也需要極強的處理技術。

像血壓、體溫、脈搏等數據就非常容易處理。透過ＣＴ影像分辨患者是否罹癌，這必須得靠專家，但如果是「血壓超過１４０㎜Hg」，外行也能明白。只要家裡有血壓計，不去看醫生也能知道自己是高血壓，用前面提到的蘋果手錶等可穿戴設備也能測量脈搏和心率。當然，癌症的確診還是得去醫院。

可見，普通的數據很容易處理，所以我們首先要做的就是輸入大量的數據，之後再逐步追加影像數據。

有許多與ＡＩ相關的企業都對「預防醫學」虎視眈眈。那麼，怎樣才能憑藉可穿戴設備進入「預防醫學」領域呢？

最關鍵的是，可穿戴設備的設計理念應該是微型化，使其逐漸成爲人體的一部分，這樣一來就可以隨時採集數據了。如果要求人們每天稱體重並用手機上傳數據，大多數人總有那麼幾天會忘記，這樣就失去了數據的準確性。但若是家門口就有重力感測器，穿鞋的同時就能自動偵測體重，那誰都不會忘記了。如果要求一天三次用血壓計測血壓和脈搏，大家難免會忘記或偷懶不測。但若是手錶或衣服上就附有血壓、脈搏的感應器，就可以在不知不覺中無時限地獲取數據了。

總而言之，這些高科技設備不能給使用者造成任何負擔。此外，這些設備還應具有「方便攜帶」的特點。假如，有一種能測體重的鞋子，但一隻就有兩斤重，誰還會想穿它呢?同時，鞋子的設計還要注意時尚，要能迎合各種人的品味。其實，重點不是鞋子，而是能輕易植入任何一雙鞋的晶片。

在預防醫學領域快速發展起來的可穿戴設備能對誘發疾病的行爲進行及時的提醒和控制。但這類設備的受眾面目前還十分有限，只有極少數對疾病預防有較高意識的人在使用，其中包括「超級老人」。但在今後的數年裡，隨著這類設備的普及，「普通老人」也會慢慢適應起來。

如果未來這些可穿戴設備在無感使用方面能有所突破，並有明顯的預防效果，我相信人們一定會積極地使用起來。就算起初覺得有些心理負擔，可一想到這可以讓自己多活十年，我想大部分人都會願意接受自己的生理數據被採集的。那麼，我們的未來將是「孤獨死」消失的社會。

第 4 章：

護理、失智症、養老金不足——老年人的不安與AI應用

新技術消除「衰老感」

提到老後會遇到的困難，很多人都說最擔心自己患上失智症以及老後的照護問題。特別是照顧過老人，或是見到過身邊有類似情況的人，他們更懂得照顧老人的不易。現在，那些能夠毫無壓力地照顧失智症老人的人，要麼特別有錢，要麼家中有人能夠片刻不離地照料。即便如此，也無法改變老人只是勉強度日的實情。好在老人的照護和失智症問題，現在能夠透過新技術得到解決了。

隨著年齡的增長，人身體的各個器官會出現老化，比如視力聽力減弱、行動不便、記憶力衰退，等等。當然一般情況下，眼睛並不會瞎，只是會變成老花眼，看得清遠處卻看不清近處；耳朵也不會聾，只是聽力變差了，聽得到低頻聲音，聽不清高頻聲音。

即使行動不便，也不過是隨著年齡的增長腳步變緩，並非完全不能行走。如果使用輔助步行的器具，就可以加快步伐。有資料顯示，老人可以借助行走助力器或臂托助行器行走，且步行速度能提高百分之18。此外，所謂的記憶力衰退，也並非完全失去記憶。對於一些帶有感情的回憶和經歷，年老時反而會比年輕時記得還清楚。

因此，衰老並不意味著身體機能的完全失效，只是不再像以前那麼靈敏了。完全喪失機能的身體器官是不可能完全恢復功能的，但只要還有一點點身體機能，哪怕是只有健康狀態的百分之10或百分之20，人們都可以借助新技術來彌補。只要利用好還能正常運作的身體器官，就能夠像以前一樣正常地生活。

在介紹新技術之前，我們先來看看技術與衰老的關係。「老花眼鏡」可以說是人類抵禦衰老的第一個工具。很多人從四十多歲就開始戴老花眼鏡了。人們一邊接受自己變老的事實，一邊借助工具來慢慢適應。以前的人們覺得，年紀大了，眼睛老花了，自然就看不清近處了。但如今，沒有人會因為四、五十歲眼睛花了就認為自己「看不了書了」，因爲人們有了老花眼鏡。

隨著新技術的不斷湧現，人類將不再對衰老妥協。舉一個關於記憶力的例子以方便大家理解。大家有沒有這樣的體會：以前會寫的好多漢字，現在提筆就忘；曾經背得滾瓜爛熟的家人的手機號碼突然就想不起來了；人名和地名明明到了嘴邊就是說不出；等等。但這些事情並不會讓人感到爲難，因爲不管是漢字還是專有名詞，我們都可以透過手機或電腦查詢，家人的電話號碼也都存在手機裡。這就相當於電腦和手機代替人腦在進行資訊存儲，所以人們完全不用爲自己記性不好而擔心。

同理，面對視力下降的問題，我們首先可以選擇戴眼鏡，這是常識。隨著科技的進步，有些眼鏡（包括隱形眼鏡）還能夠根據佩戴者的眼部狀況自動調節焦距。目前研發人員正在開發一種內置感測器的「智慧型隱形眼鏡」，據說對視野受損的人會有一定幫助，讓我們拭目以待。

助聽器也一樣。目前的助聽器還只能單純調節音量，但今後隨著新技術的應用，將會出現能根據個人的聽力狀況自動調節音量和音訊的助聽器，眞正實現量身定制。

關於輔助行走，要開發出完全能代步的設備非常困難，目前正在開發的是可以戴在腿上的助力行走的器具。過不了多久，這類產品在市面上就會銷售了。

照護時間縮短

無論是看護他人，還是被他人看護，人們都會有所顧慮。看護方會考慮自己的生活將發生怎樣的變化，會有多大的負擔，身體和精神是否能承受這樣的壓力等等。同樣，被看護方也會有自己的擔憂：

- 自己的需求難以啓齒，無法過自己想要的生活。
- 不確定是否會有人來照顧自己。
- 不想給照顧自己的人添麻煩。
- 想要守護自己的尊嚴。

我感覺就是這樣。

另外，不管是照護方還是被照護方，都會被「這樣的陪護什麼時候才能到盡頭？」、「照護程度還會再升級嗎？」等不安情緒籠罩。

有人會拿照顧老人與撫養孩子做比較。育兒跟照顧老人一樣，都非常辛苦。但孩子總有一天會長大，長大之後就不需要照顧了，是可以看得到盡頭的。但照顧老人就不一樣了，似乎是看不到頭的一件事。

那麼，老人需要被照顧的平均時長是多少年呢？我們可以透過「平均壽命」與「健康壽命」的差值來進行推算。平均壽命指的是人群壽命的平均數，健康壽命指的是不被健康問題困擾的能獨立生活的壽命。自超過了健康壽命起，到享盡天年爲止，人們在這段時間會感到諸多方面的不便，需要外界的協助才能正常地生活。日本厚生勞動省的調查資料顯示，男性的平均壽命與健康壽命差爲9．13年，女性爲12．68年（見次頁圖表）。當然，這並不是確切的男性和女性的陪護期，但不管怎麼說，九年和十三年確實是相當長的一段時間。在這段漫長的時間裡，人的衰老速度（對照護的需求）會加快，因此照護方和被照護方都會有不安感。

但是，如果利用一些技術手段，完全可以幫助人類延長獨立生活的時間，將需要

平均壽命與健康壽命的差值

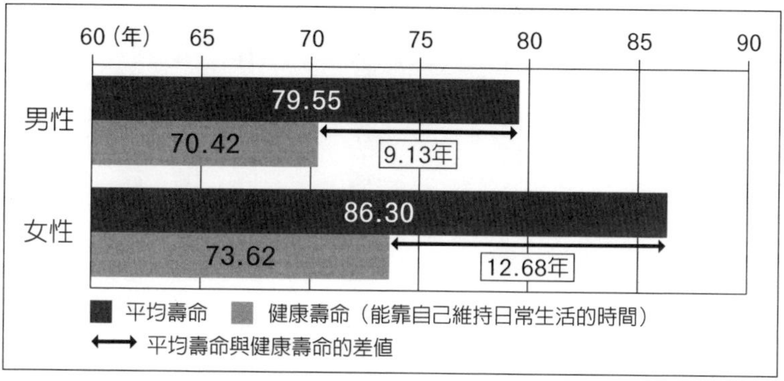

資料來源：平均壽命數值來源於日本厚生勞動省「2010年完全生命表」；健康壽命數值來源於日本厚生勞動科學研究費補助金計畫「關於未來健康壽命預測與生活習慣病的治療成本與治療效果的研究」。

照護的時間推遲五至十年。因爲正如我之前說過的，「AI技術能夠輔助衰老的身體機能正常運行，延長人的壽命」。例如，某人原本從八十歲開始需要被照護，直到九十一歲去世。有了技術支援後，他在九十歲之前都能獨立生活，到九十一歲離世時只被照護了一年，也就是說相比於從前，他的陪護期縮短了整整十年。

當然，人類的預期壽命還會增加，但不管怎麼說，陪護期還是會大大縮短的。有照護需求的不僅僅是失智症，下面我列出了最常見的五種需要長期照護的情況：

第一名：腦中風
第二名：失智症
第三名：身體機能衰退
第四名：跌倒後骨折
第五名：關節病

隨著技術的發展，這其中大多數人都可以推遲被照護的年齡。

協助老人如廁、翻身……AI代替看護

除了失智症，對於患上其他讓患者生活無法自理的重疾，輔助器械也都幫不上什麼忙，這時就必須請看護了。但AI技術出現之後，情況會發生巨大改變。

首先是老人的大小便問題。目前對於這種情況，基本都是用尿布等傳統辦法來處理。現在已經有了能感應老人「尿意和便意」的感測器，這樣就可以及時帶他們去廁

所。對於一些因大小便失禁而不得不使用尿布的老人，失禁後如果長時間不清理，就會引起尿路感染。有了傳感器，就能做到及時感知，儘早更換尿布了。

此外，對於需要照護的老人及其照護者來說，最大的痛苦是睡眠不足。有時被照護的老人晝夜顛倒，晚上不睡覺；有時照護者必須半夜起來給老人翻身。

對於不能獨立翻身的老人，護理者必須要幫助他們翻身，這樣可以減輕臀部和背部的壓迫，避免局部皮膚組織長期受壓而生褥瘡，情況嚴重還可能感染甚至喪命。現在的護理規範是每三個小時替患者翻一次身。具體多久翻一次身合適？讓身體朝向哪邊更好？往往都是依靠經驗判斷，但只有頻繁地翻身才能避免褥瘡的產生。

現在，我們可以透過ＡＩ監測人體的受壓情況，並進行數據化處理，從而找到適合老人的體位。與此同時，病床也要能在一定程度上實現自動調節，必要時再由人協助。這樣就能大大減少半夜不停給老人翻身而帶來的睡眠不足的煩惱。

另外，還可以開發一種能感應人的精神狀態的椅子，對於晝夜顛倒的老人，椅子會發射出一定強度的光線來叫醒在白天睡覺的老人。類似的技術還能應用於防疲勞駕駛系統中，將此技術嵌入老人的床和椅子中也會有不錯的效果。在照顧老人的過程中，照護者只要能保證自身充足的睡眠，負擔就能減輕許多。

但要開發出能完全代替看護的機器是很難的，因爲涉及的範圍太廣。因此，在照護工作中，某些方面的勞動可以由機器來代替，某些方面的勞動則必須由人來完成。即便如此，從減少了照護時間這一點來說，也是一種進步。對接受照護的老人來說，什麼樣的照護方式最合適，是需要不斷摸索的。如果能利用ＡＩ找到合理的照護方式，就能更有效地分配資源，不僅可以減少開支，還能減輕照護與被照護理雙方的負擔。

擔心養老金不足

人一上了年紀，就會擔心錢的問題。而在年輕的時候，由於總有收入來源，往往不怎麼考慮「應該存多少錢」的問題。在步入老年後，不管有多少存款，人們都會感到不踏實，因爲每天都要花錢，存的錢每天都在減少。看著每月減少的存款，老人們通常會有「坐吃山空」的擔心。

也許有幾億日圓的存款就不會擔心了，但幾乎沒有人能有那麼多錢。能夠安心養老的，也只是極少數「有幾億日圓存款」的「超級老人」，以及一些「生活花費不高，靠養老金就能維生」或「毫不在意養老問題，相信有了困難，身邊的人會提供幫助」的人，他們不會擔心養老金不足的問題。

有幾億日圓存款的人的確可以安心，但只有一億日圓左右的人就無法安心了。有報導稱，在日本，能有兩千萬日圓的養老金就足夠了。的確，兩千萬日圓也是一筆鉅款，但不管是兩千萬還是一億日圓，看著存款一天天地減少，還是會感到壓力的。

況且，有一億日圓存款的人的生活水準不會太低，開支會很大，就算錢多也會沒有安全感。反倒是糧食自給自足的農民，錢不多但也不會太過擔心，因爲對他們來說，房子雖舊好歹是自己的，只要生活上不浪費，用錢的地方也不會多。此外，那些特別善於與人交往並能接受他人幫助的人，還有那些不怕求人的人也是很厲害的。然而，成爲這樣的「超級老人」是有難度的。

商品趨向廉價化和免費化

先進技術發展帶來的ＡＩ化會對我們生活產生怎樣的影響呢？讓我們安心的是，需要人力的工作會越來越少。有人可能會想：「那不是沒有工作了嗎？沒有工作就沒有收入了。」事實並非如此。

現在，哪怕沒有足夠的經濟來源，也不用擔心自己第二天會餓死。因爲全世界的農業生產效率提高了，日本已經實現了糧食產品的大量供應。

據日本總務省統計局調查資料，一九一六年日本從事第一產業即農業的人口占總人口的百分之53．8，而現在只有百分之5左右了。只占一百年前的十分之一的勞動力（包括進口）保證了現在如此大範圍的糧食供應，那剩下的人都在做什麼呢？答案是服務業。二〇一五年日本人口普查資料顯示，從事零售業的人占百分之15．3，從事運輸業的占百分之5．2，從事金融業的占百分之2．4。

今後，隨著ＡＩ技術的普及，從事零售業的勞動力還會大幅減少。我也曾去過ＡＩ體驗商店，大致流程如下：

①身分認證，進入商店。
②挑選商品並放入購物籃。
③到收銀台完成電子錢包自動結帳。
④結束購物，離開商店。

店裡沒有一個售貨員也能完成購物。順手牽羊這種事是不可能的，犯罪率也會降低。另外，運輸行業中，自動駕駛技術的發展也會使相當一部分從業人員減少，人們想要的商品基本上都可以自動運送到家。銀行等金融行業的工作人員也會因爲業務的數位化和ＡＩ化而逐漸減少。目前日本製造業的從業人口占就業人口的百分之16．2，未來如果製造過程被以3Ｄ列印爲主的新技術所取代，製造業從業人員也會削減。

這樣一來，我們就能以更便宜的價格買到商品了。農業人口減少到十分之一並沒有讓我們吃不上飯。所以，服務業和製造業的從業人員減少之後，也能保證基礎服務和商品的供應。這就是我說的「就算人類因為ＡＩ丟掉了工作，也可以安心生活」的理由之一。

穿著方面，在快時尚品牌UNIQLO和ZARA的門市中，你可以以低廉的價格買到非常漂亮的衣服。在出行方面，由於日本的相關規定，沒有網路叫車，但在國外，使用叫車軟體叫車比直接叫計程車更便宜。就連旅行目的地的住宿（雖然在日本也有相關規定），也可以透過Airbnb服務平臺找到更便宜的房源。

過去看電影需要租錄影帶或ＤＶＤ，現在有了亞馬遜的Prime Video和Netflix，價格便宜而且可以任選觀看內容。此外，我們還可以在影片網站上隨意看影片、聽音樂，且全都是免費的，連ＤＶＤ和ＣＤ也不用買了。至於娛樂，曾經大家會選擇高爾夫、網球、滑雪等高消費娛樂項目，而現在，隨著應用程式的出現，大家都可以免費玩遊戲了。我想，今後這類免費的娛樂還會越來越多。

「基本收入」能否拯救老人？

根據日本總務省二〇一七年的數據，一對無業的老年夫婦（丈夫六十五歲以上，妻子六十歲以上）的月平均支出如下：

・伙食費6萬4444日圓
・住宿費1萬3656日圓
・水電費1萬9267日圓
・家居及生活用品費9405日圓
・服飾費6497日圓
・醫療保險費1萬5512日圓
・交通及通信費2萬7576日圓
・娛樂費2萬5092日圓

・其他5萬4028日圓
・稅費2萬8240日圓

合計26萬3717日圓。他們的養老金大約是21萬日圓，還差5萬日圓才夠這對夫婦的日常開銷。順便一提，獨居老人的月平均開銷約為16萬日圓。

人們永遠都會為錢擔心。那怎麼辦才好呢？日本政府現在正在討論用「basic income」來解決這個問題。「basic income」直譯是「基本收入」的意思，聽起來像是固定工資，其實不然，這是一項「向所有公民發放最低生活補助金」的措施。

目前日本的政策是透過生活保障和醫療保險等多種途徑，向有需要的人有針對性地發放一定數額的補助金。但與此同時也會產生「確認幫助人的人所需的工資」、「發放補助金產生的行政費用」等開支。

另外，像剛才提到的Airbnb等服務平臺，引入這些新的服務可以降低大家的生活開支，同時也會產生一些反作用。比如，叫車軟體搶了計程車的生意，Airbnb等平臺搶了很多個體民宿老闆的飯碗，相關行業紛紛表示，這樣下去，生活都難以維持。

這樣一來，好不容易建構起來的「讓全民享受的低廉生活模式」，會因遭到反對而無法啓動。簡單來說，發放基本收入的出發點是「如果每個人不用工作也能維持基本生活，也許大家都不會有抱怨了」。大家可以把這筆「基本收入」用於自己的興趣愛好，此外如果想要更多的錢，就去工作。

但是，也有人對「基本收入」政策持反對意見。反響最強烈的觀點是「人一旦拿到了錢就不想工作了」，也有人認爲「平均分配看似公平，其實會造成更大的不公平」。日本如果施行基本收入制度，每個人都能領到相同數額的錢，但對於那些本來靠養老金可以生活得相對較好的人，他們的收入也可能還會低於目前的水平。

與此同時，日本還有人提出「每月向全體國民發放七萬日圓的基本補助，同時取消生活保障金和養老金」，這也引發了人們的爭議。芬蘭和加拿大的部分省份已開始試行這一制度，但尚未取得成功。

老年人的工作機會增多

隨著ＡＩ等先進技術的發展，適合老年人的工作機會也會增加。

ＡＩ的發展使勞動力呈現出兩極分化的趨勢。一種是能充分駕馭ＡＩ，走在時代最前沿的「贏家」，一種是從事沒有實現ＡＩ化的廉價勞工和打零工的體力勞動者。

的確，如果年紀輕輕就靠打零工，又都是不起眼的小工，收入自然不穩定。比如，給由ＡＩ自動分類、組裝和打包後的產品貼膠帶的工作；在多雪的地區，等待專業人員完成掃雪、鏟雪等大型勞動後，給剩下那些受地段影響的、門前積雪不好大規模清掃的人家清理積雪的工作；使用ＡＩ設備對農場進行精細化管理後，遇到大豐收果農缺人手時會僱傭的臨時工等等。事實上，年輕人想用打零工賺來的錢維持生活是非常艱難的。

老年人的生活費雖然也有缺口，但至少他們有養老金作爲基本保障。所以，對他們來說需要考慮如何獲得額外收入的問題，像打零工這樣的工作就能緩解他們的收支壓力。

有些企業不願僱用老年人，認爲老年人行動遲緩、記性差、身體健康狀況不好。但是，如果有ＡＩ設備輔助老人行動和記憶，那麼以較低的工資僱用老年人工作也是划算的。這意味著老年人將有更多的工作機會。

尖端技術的發展帶來的ＡＩ化會對我們的生活產生的影響是，需要人力的工作會越來越少。

我想每個人應該都會有這樣的疑問：ＡＩ的發展會不會讓人類丟了工作？的確，現在一些工作正在逐漸消失，比如服務類的工作，機器完全可以代替人來完成。目前，一些家庭餐館就已經開始使用機器人來收拾餐盤了，這些餐館的服務生就可能會丟掉工作。

但是，工作不可能完全消失。在電腦問世時，大家也曾以爲自己會失業，但如今回頭來看，我們的工作不減反增，每天都忙忙碌碌的。像那些滿足「衣食住行」等基本需求的工作會逐漸實現機械化，但因爲人類本能地對生活有更高的追求，因而會逐漸衍生出一些新的工作。

在ＡＩ時代，「娛樂」將成爲工作。例如，在過去，你很難把露營當成一份工作來看待，因爲它就是單純的玩樂，最多也就是在雜誌上投稿一篇相關文章，獲得一點稿酬，但這根本不足以維持生計。但如今，已經有人透過在影片網站上傳露營影片賺取廣告費來維生了。同理，興趣是多元的，能夠靠自己熱愛的事情來賺錢的人也會越來越多。

有人可能會說：「我的愛好很普通，就是釣魚。」然而，如果你掌握的是與一般的釣魚資訊有區分度的「尾瀨[1]的釣魚資訊」，那這就屬於稀缺資訊，也是能吸引關注的。既然滿足人們衣食住行基本需求的工作都由ＡＩ來做了，人類就可以把錢用在自己的興趣愛好和追求上，甚至還可以把它們當作工作。因此，如果你有餘力的話，可以培養一些與眾不同的興趣愛好。

工作類型呈兩極化

前文提到「ＡＩ時代勞動力的兩極分化」，其實工作類型也分爲「辦公場所相對自由的工作」和「必須在現場進行的工作」兩種。受新冠疫情的影響，遠端辦公正成爲主流工作模式。也就是說，人們不是必須在固定的辦公場所工作，這對上班族來說是一件好事，但同時也意味著競爭對手的增加。

以一份文書工作爲例，過去必須是由公司內部負責文書工作的某人來完成，即便公司很大，分公司遍布全國，也不可能特意把東京公司的文件委託給福岡公司的人來處理。但是，當所有人都處於遠端狀態，就不再有那麼多的限制了。不管是身在福岡、北海道、沖繩，還是泰國、印尼，大家的工作環境都一樣了。因此，對工作場所的限制越小，世界各地的交流也會越暢通無阻。

另一方面，那些無法遠端辦公的工作，也就是「必須在現場進行的工作」就浮出水面了。這類工作必須委託給在現場的人去做。隨著工作類型的兩極化，大都市和小鄉村的差距也會慢慢縮小。

1　尾瀨橫跨在福島縣、新潟縣、群馬縣等三縣，與日本最大的高原濕地「尾瀨之原」及其周圍幾座具有良好自然環境條件的幾座山岳一起，被指定爲「尾瀨國立公園特別保護區域」。

現在，日本約有百分之30的人口居住在首都圈（東京、神奈川、琦玉、千葉），百分之14的人口居住在關西地區的三個府縣（大阪、京都、兵庫）。城市人口如此集中的原因之一就是工作都集中在大城市。但是，在新冠疫情的間接影響下，遠端辦公興起，人們不必非得住在東京。於是，越來越多的人開始移居到其他縣市了。

當然，人口不會一次性地完成大遷移，而是會持續地增增減減。與此同時，日本的總人口也在減少，這會導致包括東京在內的城市房地產價格下降，房租變便宜。這對我們的生活將會有相當大的影響。

尋求幫助也是一種能力

不是所有的事情都能自己一個人完成，也沒有人能做到萬事不求人。每當遇到困難、遭受困境的時候，尋求幫助也是一種能力。在ＡＩ時代，這種能力越來越重要。

「自己的事情自己做」的想法在日本人的意識和文化中根深蒂固。因此，許多老人就算患了失智症也不想被別人照顧，害怕自己給別人添麻煩。

其實，以前的日本並不是這樣的。在過去，三代同堂是很常見的，育兒既是父母的責任，也是祖父母的責任。如果孩子的祖父母身體不好，鄰居們也會來幫忙照看。當時經常能看到鄰居家的妻子幫著給孩子餵奶，大家的共識是「孩子就該共同照顧」，而不是「自家孩子自家管」。

但是，隨著二十世紀六〇年代日本經濟的高速發展，人們開始從農村移居到城市，這種共同體意識也隨之發生變化。自己的事情自己做，不給別人添麻煩的想法逐漸成爲主流，不知不覺中，這種思想意識也傳到了農村。可以說，現在很多人已經完全喪失了向他人尋求幫助的能力。

現代社會中，會尋求幫助的人往往是最優秀的，公司社長就是典型的例子。社長自己一個人是沒辦法經營公司的，所以要僱傭員工，讓他們來完成工作。此外，以前的辭典都是由作者或編者獨自編寫的，現在的維基百科，則是依靠大家的力量共同完成的，準確度也更高。本來大家就應該互幫互助，現在卻被「自己的事情自己做，不能給別人添麻煩」的思想束縛了手腳。

不過，隨著ＡＩ時代的到來，求「人」辦事也沒那麼困難了。

原因之一是人類在心理上覺得，求人不如讓ＡＩ和機器幫自己來得方便。假如你年事已高，走路不方便，想請人幫忙又難以啓齒，但如果按下按鈕就能得到機器的幫助，也就能順水推舟了。ＡＩ還會根據使用者的習慣主動向用戶提問，我們只需根據它的提示輕鬆應對就可以了。

誠然，人老了以後各方面的能力跟年輕時完全不一樣了，體力和記憶力都會下降。但並不是說，人一旦上了年紀，能力就不比年輕人了，社會就不再需要他們了。看到那些生活舒心又長壽的老年人時，年輕人會想「我老了以後也要像他們那樣」。但現在過得舒心又長壽的老年人少之又少，所以年輕人才會有「早死早超生」或「我老了可不想那樣」的想法。爲了給年輕人一個好的榜樣，生活在ＡＩ時代的老年人應該盡力活得舒心又長壽，這就需要老年人具備這種尋求幫助的能力。

爲了在日常生活中更好地利用ＡＩ，老年人應該拋開自己的固執思想。當然你可以有自己的做法和自尊，但在ＡＩ時代，也應該試著去聽一聽新的想法，根據自身情況吸取建議，把老年人常有的頑固守舊思想拋到一邊，靈活應對未來。

即使是身邊的小事，也需要我們具備求人幫忙的能力。所有事情親力親爲，確實自己會安心很多，相反，把事情交給別人來做，也確實會充滿不確定性。但是，只要能在日常生活中不斷試錯，一點一點學會請求他人幫忙，同時放心地把事情交給別人去做，即使不再有年輕時的本事，也能活得很精彩。

求人並不需要低聲下氣，相反，它其實是一種能力。所謂借力使力，就是要借助別人的力量來達成我們自己達不到的目標，這無疑也是一種人生的智慧。ＡＩ技術發展帶來的新時代和新社會，恰恰爲我們提供了提高這種能力的土壤。

結語

每個人都有對晚年的焦慮。

曾經有一對百歲雙胞胎姐妹「金奶奶和銀奶奶」在出演廣告後大受歡迎，人氣甚至高到被邀請擔任ＮＨＫ紅白歌會的嘉賓。當兩位奶奶被問到「廣告費和出場費準備怎麼花？」時，兩位老人的回答是「用來養老」。看來，即使是百歲老人，對晚年的擔心也依然沒有消除。

希望本書能幫助大家消除內心對養老的焦慮。但是，消除焦慮並不意味著你可以不做任何準備。存錢、關注身體健康，這些都是我們必須爲自己的晚年生活做的準備。然而，生活中有很多人對自己的晚年生活憂心忡忡，以致每天都過得很不舒心，我希望能幫助大家消除這方面的顧慮。

我在本書中關於人工智慧和新技術的介紹都是非常粗略的，建議有興趣的讀者去讀該領域專家的作品。

面對新冠疫情等前所未有的危機，人們雖有些畏縮不前，但時代在進步，未來充滿了無限的可能。我並不是說要永遠積極樂觀，回頭看、懊悔、舉步不前都是可以理解的。但有一點請不要忘記，那就是要滿懷希望。如果你能在這本書中找到這種希望，那對我來說將是莫大的歡喜。希望，存在於朋友、家人、信仰、藝術等你身邊的每一個角落。願你去發現它！

参考文献

丸山俊一＋ＮＨＫ取材班『ＡＩ以後』　ＮＨＫ出版新書

クロサカタツヤ『５Ｇでビジネスはどう変わるのか』　日経ＢＰ

亀井卓也『５Ｇビジネス』　日経文庫

冷泉彰彦『自動運転「戦場」ルポ』　朝日新書

岡谷貴之『深層学習』　講談社

八子知礼他『ＩｏＴの基本・仕組み・重要事項が全部わかる教科書』　ＳＢクリエイティブ

古川　修『自動運転の技術開発』　グランプリ出版

明治大学自動運転社会総合研究所『自動運転と社会変革』　商事法務

保坂明夫他『自動運転　システム構成と要素技術』　森北出版
高尾洋之『鉄腕アトムのような医師』　日経ＢＰ
松尾　豊『人工知能は人間を超えるか』　角川ＥＰＵＢ選書
独立行政法人情報処理推進機構『ＡＩ白書２０２０』　角川アスキー総合研究所
西村周三『医療白書２０１８年度版　医療新時代を切り拓くデジタル革命の衝撃』
　日本医療企画
加藤浩晃『医療 4.0』　日経ＢＰ
小林雅一『ＡＩが人間を殺す日』　集英社新書
Yamamoto Y et al: Automated acquisition of explainable knowledge from unannotated histopathology images. Nat Commun 2019 10（1）5642
Yagi A et al: Potential for cervical cancer incidence and death resulting from Japan's current policy of prolonged suspension of its governmental recommendation of the HPV vaccine. Sci Rep 2020 10（1）15945

i生活 47

AI時代的超級老人

爸媽老後長照靠AI，未來的你安心變老

作　　者　平松類
封面設計　Dinner illustration　**版型設計**　綁煙　**內文排版**　游淑萍
責任編輯　吳韻如　**行銷企畫**　呂玠忞　**總編輯**　林獻瑞

出 版 者　好人出版／遠足文化事業股份有限公司
新北市新店區民權路108之2號9樓
電話02-2218-1417　傳眞02-8667-1065
發　　行　遠足文化事業股份有限公司（讀書共和國出版集團）
新北市新店區民權路108之2號9樓
電話02-2218-1417　傳眞02-8667-1065
電子信箱service@bookrep.com.tw　網址http://www.bookrep.com.tw
郵撥帳號 19504465　遠足文化事業股份有限公司
讀書共和國客服信箱：service@bookrep.com.tw
讀書共和國網路書店：www.bookrep.com.tw
團體訂購請洽業務部(02) 2218-1417 分機1124
法律顧問　華洋法律事務所　蘇文生律師
印　　製　博創印藝文化事業有限公司　電話02-8221-5966

出版日期　2025年5月7日
定　　價　380元
ISBN　978-626-7591-27-7
ISBN　978-626-7591-29-1（PDF）
ISBN　978-626-7591-28-4（EPUB）

國家圖書館出版品預行編目(CIP)資料

AI 時代的超級老人 : 爸媽老後長照靠AI,未來的你安心變老 / 平松類作. -- 初版. -- 新北市：遠足文化事業股份有限公司好人出版：遠足文化事業股份有限公司發行, 2025.04
面；　公分. --（i生活；47）

ISBN　978-626-7591-27-7（平裝）

1.CST: 高齡化社會 2.CST: 資訊社會 3.CST: 人工智慧

544.81　　114004098